東京でお酒を飲むならば

甲斐みのり

JN154132

祥伝社黄金文庫

本書は、２０１１年11月に、『東京でお酒を飲むならば』としてリベラル社から刊行されたものを、加筆修正のうえ文庫化したものです。本文中に掲載されているお店の写真や情報は、基本的に２０１１年当時のものです。すでに閉店していたり、店舗・品書・金額など変わってしまっている場合もございますのでご了承ください。

はじめに

水上バスの缶ビール

東京生活、はじめての夏。1年前まで暮らしていた京都から、友人数人が遊びにやってきて、お台場まで出かけてみようということになった。お台場ってどう行くの？　誰も知らない。東京観光の本で交通手段を調べてみると、電車の他に水上バスの案内がある。「水上バスってあのドラマでほら、主人公が乗っていたやつじゃないの」。それで行こうじゃないかと全員一致。浜松町の駅から日の出桟橋まで向かった。

乗船場の船着き場に立ったところで、ある違和感にかられた。しかしそれは、心地よい違和感でもあった。静岡の、空にも似た青い海を見て育った私は、鈍くて窮屈そうな東京湾を前に、静かな感動を覚えたのだった。これまであたりまえに美しいと信じてきたものとは全く別の、徒然《つれづれ》とした趣《おもむき》がそこにはあった。

船に乗り込み、中をぐるりとひとまわり。「売店あったよ」、デッキで離船を待つ友人らに報告。すぐさまビールを飲もうという声が湧き上がり、ぞろぞろと売店へ。デッキへ戻り、真夏の日差しの下で乾杯をした。

今、水上バスの売店にあるのは、プラスチックのコップに注がれるビール。それが10年近く前は缶ビールだった。そのときの私はまだ、ほとんどお酒が飲めなかった。正確に言うと、おいしいと思えないのに格好だけは背伸びして、注文はしてみせる。だが結局、数口しか進まない。仲のよい友人たちがいかにもおいしそうに杯を重ね、楽し気に酔っていくのが羨《うらや》ましくて、私もお酒が飲めるようになりたいと切に願っているところだった。小さな缶ビールをときどき買っては、家でこっそりお酒に慣れる訓練をしていた。

しかしその日は、はじめておいしいと思えたのだ。缶ビールを。お酒を。太陽の光を燦《さん》々《さん》、散々、浴びてはいたが、そのせいとも違う。目の前がぱっと、明るくひらけたような気がした。これまで探りながら、見つけられなかった感覚。夏、日中、水上バス、東京湾上、東京の空の下、親しい友人。自分なりにお酒の妙味を感じられる条件が揃ったのだろう。たった数口。されど私には、革命的な数口だった。

私がお酒の楽しみ方で大切に思うのは、土地、歴史、建物、店の人、品書き、客の層、幾つもの物語が折り重なって生まれる、お酒を包み込む場の気配。どんなに稀少で高価なお酒も蛍光灯の光の中では味気ないし、その場に情緒こそあれば缶ビールでもおいしい。つまり雰囲気酒、といったところかもしれない。

格式高い老舗《しにせ》居酒屋。下町の大衆酒場。ホテルのバー。洋食屋。喫茶店。美術館や名建築。競馬場に温泉浴場。東京湾を見下ろしながら缶ビールを飲んで以来、独特の風情《ふぜい》の中で味わうお酒を求め、観光気分で東京中を巡って歩く。舌でいえば、お酒の味もまだよく分からない若輩者《じゃくはいもの》。けれども酒場への愛情だけを頼りに、勇気を持って暖簾《のれん》をくぐり、扉を開ける。その店、その場所、店主ごと、違ったルールがあるものだから、瞬時に場の空気を読むことに努め、分からないことがあれば恥を承知で店の人や隣の客に教えを乞う。ひとつの店の常連になるよりも今は、旅行者気分でより多くの酒の場を経験したいし、それが快《こころよ》くもある。

あるとき突然、缶ビールをおいしく感じた瞬間が訪れたように。雰囲気でお酒を味わううち、いつしかお酒そのものの奥深さが分かる日がくるはずと期待しながら、今日も東京の街へとくり出すのだ。

もくじ

ブックデザイン　宇賀田直人
ＤＴＰ　キャップス
写真　東泰秀
地図　林雅人

1章

浅草

江戸時代がはじまる前から繁華街として栄えた浅草。
今でも粋な文化や人情の根付く街。
そんな浅草生まれの父とともに、歩いて食べて飲む一日。
居酒屋でなくとも、お酒を楽しめる店があちらこちらに。

浅草生まれと浅草飲み

まる一日何もない日に、誰かとどこかへ出かけようとなったとき。観るも食べるもできるだけ案内役にまわりたい性分の私は、相手がこれまで数えるほどしか浅草へ行ったことがないと分かれば、「じゃあ浅草で」とひょいと決める。

浅草は、歳も性別も嗜好《しこう》も飛び越え、訪れる者の心を浮き立たせる。日本屈指の観光名所らしく、昼間は平日でも祭りのような賑《にぎ》わいがあるが、夜は山手線主要駅の繁華街に比べて随分と早い。その町ごとに活気づく時分は違うけれど、浅草は昼前に家を出て、戌《いぬ》の刻（午後8時〜10時）には帰路につくのがちょうどいい。

女同士では甘味・和洋食・伝統工芸と老舗を巡り、江戸風情に浸るのが主。ときに蔦《つた》がからまる昭和の遺跡のような温泉浴場『浅草観音温泉』[1]や、人も遊具も悠長とした日本最古の遊園地『浅草花やしき』[2]で、のどかな時間を過ごすこともあったり。しかし私の最上の浅草時間は、お酒が飲める人と連れだって、品書きにビールや日本酒、ハイボールなどのアルコールの準備がある店を、太陽の光が届くうちからハシゴすること。平日でも、いかにも仕事中らしきスーツ姿の人とすれ違うことが少ない分、後ろめたさにさいなまれる

水上バス浅草乗船場より臨む、泡立つビールジョッキを表した『アサヒグループ本社ビル』。最上階の喫茶室でビールが飲める。

ことなく、昼からのお酒に興じられる。
　そんな浅草での、よき昼酒仲間が父である。

　浅草へ出かけるのには地下鉄の銀座線を常々利用しているが、数回に一度は日の出桟橋から浅草まで、隅田川にかかる13の橋の下をくぐり抜ける『水上バス（TOKYO CRUISE）』[3]に乗る。東京湾や隅田川の水上からの眺めとともに、潮気を含んだ風を受けながら、同行者と船上でのビールの味わいを分かちあうため。

「『駒形どぜう』[4]か『紀文寿司』[5]か。まず『神谷バー』[6]でひっかけようか」
　隣で陽気な父の声が響く。自分が知る店の名を連ねてはみせても、食に関しては結局娘まかせ。おまえが食べたいものでいい、自分はお酒が呑めたらそれでいいと。

「台東区寿4丁目18番地3号」
　子どもの頃から今まで、幾度その住所を聞いたか知れない。ほろほろと酔いはじめると父は、自分が生まれた所番地を、得意な落語の噺《はなし》「じゅげむ」を披露するように早口で声高に、風変わりな節をつけて繰り返す。

私が生まれたときにはもう、この世を去っていた祖父は、浅草で辰巳屋という陸軍の戦闘帽を扱う帽子屋を営んでいた。

「5歳までお父さんは浅草で育った。それが、昭和20年3月10日、東京大空襲の日。おまえのおばあちゃんが引くリアカーに乗せられ逃げのびたけれど、お父さんたちとは逆方向の隅田川の方へ逃げた人たちはほとんどが亡くなってしまった。お父さんも、もしかしたらあのとき爆撃に巻き込まれ命絶えていたかもしれない。でもこうして生きている。だから、お父さんの5歳以降は余生なんだ」

幼い頃は分からずにいた、余生という父の口癖。この頃になってやっと解せるようになった。昔から、過ぎた出来事、つらい思い出、全てを笑って済ませるところがあった父。あのとき自分たちと逆に向かった人の分まで、与えられた人生を悔いなくまっとうすべく、頑固に、妥協なく、真っすぐ楽し気に生きてきたのだ。

還暦で退職を迎えたとき、

「これからの楽しみは、お酒と歌舞伎。このふたつはなにがあってもやめない」

と家族の前で道楽宣言。以来、父は毎月のように静岡から東京を訪れる。訪問日を知らせる電話の決まり文句は、

「浅草へ行こうか。浅草はお父さんの生まれた町」

続けて、件《くだん》の生まれ番地を、決め言葉のようにつけ加える。そんな父の言葉を、ときどきは聞き流し、ときどきは聞き入れる。ここしばらくは、はいはいと流してばかりだったので、今日は久々に父の好みに添うたのだった。

「水上バスで飲むお酒、おいしいよ」

そう伝えると、おおそうか、父の顔はみるみる緩む。まだ時刻は正午前。ためらうことなく船内の売店で生ビールを求め、デッキ席でゴクリ、喉をならした。


水上バスが進む右手。フランス人デザイナー、フィリップ・スタルクによる「炎のオブジェ」と、琥珀《こはく》色のガラスと上部の白い外壁で、泡立つビールジョッキを表した『アサヒグループ本社ビル』が見えたらまもなく、水上バスは浅草の乗船場に到着する。

隅田川川岸の、巨大なビールビルの最上階にあるのが、『展望喫茶アサヒスカイルーム』。[7]いかにも観光施設の中にありそうな、素っ気ない造りの喫茶室には、コーヒーやケーキとともに、スーパードライの生ビールやニッカウヰスキー、簡単なつまみ類がメニューに並ぶ。店の名に冠される通り、窓からの展望は絶景だ。隅田川や浅草一帯はもちろんのこと、

上／水上バス船内で販売されているビールは『隅田川ヴァイツェン』。下／デンキブランやハチブドー酒が並ぶ神谷バー1階の売店。

新宿の高層ビルや、晴れていれば富士山まで一望できる。圧巻なのが、スカイツリーの眺め。新たな東京の象徴となるタワーを、見上げるのでなく真っすぐ見据えることができる特等席は、競争率が高く確保が難しいが、一度は座わってみたいものだ。

水上バスの乗船場と向かい合わせであるのが、日本初のバーで知られる『神谷《かみや》バー』。明治13年の創業当時は、濁り酒や輸入葡萄《ぶどう》酒を扱っていた。国の登録有形文化財に登録されている本館は、大正10年の建築。名物は、ブランデー、ジン、ワイン、キュラソー、薬草がブレンドされたカクテル「デンキブラン」。明治時代はハイカラなものを〝電気〜〟と呼び珍しがったそうで、その頃の名残りを秘めた名。続く「ブラン」とは、ブランデーのブランである。

ここではまず入口のレジで、大きなガラスケースに並ぶ料理サンプルから好みのものを選び、食券を購入して好きな席に着く。二杯目からはテーブルにてキャッシュオン。店ならではのオーダー方式に最初は慣れず、追加注文のたび慌てて財布を取り出すことに。蝶ネクタイ姿のウエイターが敏速に立ち回り、昼夜問わず繁盛している。普通、バーと聞いて思い浮かべる静謐《せいひつ》な雰囲気と違って、ここはいわゆる大衆酒場に近い。ひとり飲み、夫婦、戦前生まれとおぼしき紳士たちの集いと、年齢が高く品がある客筋で、悪酔いする者もおらず、お酒抜きで食堂使いする女性もいるほど。合席前提の大きなテーブルが点在するが、横並びで飲んでいる2人連れが多いのは、互いに遠くなった耳を思いやり、向かい合わせで座るより会話がしやすいからなのだろう。

　周りを見渡せば、ほとんどの客が生ビールとデンキブランの2種のお酒を手元に並べ、交互に口をつけている。きめの細かいクリーミーな泡のアサヒ生ビールは、ほんのり甘いデンキブランと相思相愛の関係を築き、〝カミヤ流〟の飲み方として常連の間ではすでにお馴染み。私は生ビールをほとんど飲まないゆえ、まだ試みたことがないのだけれど。神谷バーでの個人的な定番は、デンキブランの炭酸割り・電気ソーダと、ハチブドー酒にフルーツを浸し炭酸で割ったハチブドーパンチ。愛らしいラベルのハチブドー酒は、明治時代に一世を風靡《ふうび》した蜂印香竄《こうざん》葡萄酒の味わいを受け継ぐ、甘くてコクのある果実酒。ルビー色のこのカクテルは、めかしこんで軽やかにはしゃぐご婦人方にもよく似合う。

　しかし父と一緒のこの日は水辺の酒場を通り過ぎ、雷門からほど近い、店先に白い暖簾がはためく『初小川』[8]へ。昼食はここでと、開店きっかり12時に予約をいれておいたのだ。

小上がりにテーブル数席のこぢんまりとした店内は絶えず満席。創業からの3代にわたる常連も多い。上京して間もない「もの書き」駆け出しの頃、ある雑誌の「下町の老舗」という記事のために、取材したことがあるうなぎの店。当時、まだ慣れぬ東京の道に地図とにらめっこしていたら、思いがけない所番地と出合った。「台東区寿4丁目18番地3号」。浅草寺を地図の上に見て、雷門の左下に位置する初小川所在地の、さらに左下あたり。父の故郷はここだったのか。

初小川の創業は明治40年。父が生まれた昭和16年にはすでに浅草で馴染みの存在だったのだろう。幼い父の記憶に残るはずはないが、祖父の馴染みの味かもしれない。想像するだけで胸がきゅっとなる。いつか自分の名で本が書けるようになったとき、懐かしい故郷の店へ、父を連れて来たいと思いを馳せた。その願いをやっと、叶《かな》えることができた。うなぎは割烹着《かっぽうぎ》姿の美人女将が自ら注文を受け、さばく。タレは創業からの継ぎ足しで、一切甘みのない辛口の江戸前。備長炭《びんちょうたん》を詰めた七輪で蒸しと焼きを繰り返し、蒲焼きも白焼きも、出来上がりまで30分ほど時間がかかる。客はその間、みそ豆やらほねせんべい、きも焼を肴に、ビールや日本酒相手に時を待つ。冬に囲炉裏でつける燗《かん》も名物だ。

浅草
ほおずき市
800円

常連に紛《まぎ》れ、千社札や商売の神・おたぬきさまに見守られながら、ほくほくの「うな重」が運ばれるまで、手酌で猪口《ちょこ》を口に運ぶ父のなんとも言えぬ満ち足りた顔。私はつき合い程度に、お猪口一杯。純然たる酒場ではないが、随分とお酒の似合う店だなあ。そんなことを考えていると、

「おやじも来たことあるのかなあ」

ぽつり、父のつぶやきが耳に届く。お酒を飲みつつしみじみ思うのは、子は親のこと、なのだろうか。

ふくれたお腹を落ち着かせながら、仲見世商店街を通って浅草寺へ。先達《せんだっ》て訪れたのは7月9・10日、『ほおずき市』[9]の日。毎年、竹籠《たけかご》の持ち手に赤い江戸風鈴が吊るされた、同じほおずき鉢を選ぶ。風鈴はひとつ家にあればいいから、その年ごと、欲しいという誰かにあげてしまうのだが。それでも、どうしても風鈴つきのを買いたくなってしまうのだ。

いつも市を2周ほどしたあと、境内《けいだい》を朱色の水玉模様に彩るほおずきを前に、屋台の缶チューハイとじゃがバターを飲んで食べて帰るのが密やかなる楽しみ。平日の境内に、あのほおずき市ほどの賑やかさはないけれど、それでもここは浅草で一番、人と鳩で賑やか

な場所に違いない。

観音さまに近況報告と日頃の感謝を伝えての参拝ののち、凶が出る確率が高いことで有名なおみくじを試す。ああやった、大吉だ。声に出さず心の内で感嘆し、折り畳んでそっと、財布の中へしまい込む。


足取り軽く仲見世商店街を抜ける途中、「あげまんぢう」の老舗『金龍山』[10]前で歩みを止めて、箱に詰めてもらった揚げたてのまんじゅうを、母への土産にと父に託す。母は、都会だの酒場だの贅沢《ぜいたく》だのが苦手な方で、変わりない日常の部屋で、父が東京から持ち帰るお菓子やパンを楽しみに待っているらしい。私はつくづく父親に似たようだ。

そのまま江戸時代創業の七味唐辛子の老舗『やげん堀』[11]まで新仲見世商店街を進む。黒胡麻、陳皮《ちんぴ》、焼唐辛子、赤唐辛子、粉山椒、けしの実、麻の実。七種の薬味をその場で調合販売する七味は、元は漢方から生まれた元祖健康食品。万年余生の人生とはいえ、長生きなほど、たくさんのお酒も歌舞伎も楽しめるのだから、健康でいてくださいねと朱塗りの缶と七味のセットを求め、父に手渡す。

ちょこちょこと、ウィンドウショッピングしたためか、だんだん父が無口になる。無口になるのは疲れの信号。父の老いを感じて、少し胸が痛む。昼のお酒1本も、ほどよく醒《さ》める頃。そろそろ午後のお茶にしようか。洋菓子と喫茶の店『アンヂェラス』[12]の扉を開ける。

3階建ての山小屋風の店の中は、まるでドールハウスのように小刻みに仕切られた空間。手塚《てづか》治虫《おさむ》や池波《いけなみ》正《しょう》太《た》郎《ろう》はじめ文豪たちが贔屓《ひいき》にしていたこの店の名物は、梅酒と珈琲を割っていただく「梅ダッチコーヒー」。「なにごとも経験」が信条の父は、その風変わりな名物メニューに挑戦するという。私は店と同じ『アンヂェラス』という名の、スポンジをホワイトチョコレートでコーティングした葉巻型のロールケーキに、ハイボールという取り合わせ。時を重ねた洋菓子店や喫茶店のメニューの片隅に、肩身狭そうなアルコールを見つけると、注文の際、コーヒーではなくついその名を呼んでしまう。

アンヂェラスのハイボールには、ゴルフのパターの形をしたマドラーが添えられて出てくる。人間以外でも男性名詞と女性名詞にわけるフランス語のように、いつの間にか私も、これは男性的、こちらは女性的と、ものを男女に見わける癖がついてしまっているが、このハイボールは佇《たたず》まいが女性的で、より親しみが持てる。しかし喫茶店で飲むアルコー

アンヂェラスは喫茶と洋菓子の印象が色濃いけれど、ビール、ウイスキー、オンザロック、ジンフィズ、ハイボールと充実のアルコールメニュー。

ルはどうしてこうおいしいのか。アルコールがメニューにある喫茶店は、それだけでもう、無条件に好ましく思えてしまう。

浅草の酒場といえば最近では、場外馬券売場『ウインズ浅草』の南側に位置する通りが通称〝ホッピー通り〟と呼ばれ、道の両脇に、ホッピーと牛スジの煮込みを出す店がずらり並ぶ。

関西で学生時代を過ごした私が「ホッピー」という名を知ったのは、上京してからのこと。消費の大部分は関東圏らしい。ノンアルコールビールが流行した大正時代から開発が進められ、昭和23年に誕生したビール風味の炭酸飲料で、焼酎割りで飲むのが一般的。ビールが高価だった戦後、ビールの代用品として主に東京の下町や大衆酒場で人気を博し、苦味が少なく飲みやすく、合わせるアルコールの濃さを自分で調整できることもあって、現代女性の中でも市民権を得た。

たいがいどの店も、昔ながらのカウンターと、店先に並べられたテーブルの、半屋台スタイル。安くて、おいしくて、開放的。週末ともなれば、競馬新聞とにらめっこするおじさまと観光客が隣り合わせ、などという光景も珍しくなくなった。

平日には左右からの呼び込みにつかまるのがどうも窮屈で、浅草でもこの道は避けて通るようになってしまったが、牛スジの煮込みをごはんにのせた〝牛めし〟が食べられる『正ちゃん』[13]は、酒飲みの友だちにすすめられて足を運んだことがある。大鍋で煮込んだとろとろのスジ肉とふるふるのこんにゃくの上に、汁がしみこんだ豆腐。ふわりと噛《か》んで、つるりと喉を抜ける、爽快さ。食べて飲んであとくされない関係でいられる店の雰囲気も、心地よい。『大勝』、『鈴芳』、『岡本』、『浩司』など、通りに並ぶ他の店も、訪ねてみたくなった。

ホッピー通りを花やしきに向けて進んだつきあたりの『三ちゃん』[14]も、一度訪れたたちまち好きになった酒場。ウインズ前にあることから土日は競馬目当ての男性客でいっぱいで、一見すると入りにくいと思われる。しかし皆、店内2箇所に設置されたテレビの競馬中継や競馬新聞に集中しているから、私のような女の客が注目されることもなく、かえって気楽なほど。

以前に訪れたときは、テーブル席は満席だったので、わずかに空《あ》いていたカウンター席に座わった。すると、背中に「美酒 爛漫」の銘が入ったハッピ姿の大将から、真新しい

上／週末はお昼前から営業する『正ちゃん』のテラス席（改装前の様子）。下／ホッピー通りの夜の賑わい。道の両脇に扉を開け放った大衆酒場が並ぶ。

シェイアップ 〃
乙女の味です。シットリと
昔の名前で、出ています。
贈
浅草 三ちゃん江

タオルと袋入りの味のりを「どうぞ」と手渡された。味のりはお通しだろうが、タオルはいったい？　戸惑う表情に気がついた娘さんが、

「お父さん、女性にはサービスしたくなっちゃうの」

と声をかけてくれた。どうやらタオルは、大将からのプレゼントらしい。すでに客席について、ビールグラスに口をつける大将に頭を下げると、にっこり、笑顔が返ってきた。

ありがたくタオルをひざの上に広げ、壁の品書きに目をやると「乙女の味ですシットリとライムハイ」という短冊に気持ちが奪われ、まずもって注文。

「乙女の味のライムハイ、それと、ショッツル」

扱う日本酒の爛漫も、ショッツルも、秋田のもの。どの客にも気さくにふるまう娘さんに店について尋ねてみたところ、

「三ちゃんはお父さんの通称。秋田から新婚の父と母が上京して、昭和35年にこの店をはじめたの」

と教えてくれた。

「私は娘で、あそこにいるのがお母さん。家族でやってるの。お母さんは写真家のアラーキーに写真を撮ってもらったこともあるのよ」

キャベツ、ホウレン草、おあげ、ネギ、豆腐、野菜たっぷりのショッツル鍋は家庭的な味。「かきもち」という品書きも珍しく、追加したところ、豆・ごま・えび・よもぎ、4種の色と味の細長い焼き餅が皿に並んで登場。もっとも高い値段のものでも600円の「馬刺」。人も料理もそして値段も、包容力がある店だ。土日の営業時間は朝8時から夕方6時まで。店を出るとき、
「花やしき帰りにまた立ち寄ります」
と挨拶した私に、やっぱりにっこり答えてくれた大将の笑顔が忘れられない。

国際通りと言問《こととい》通りが交わる交差点の西側。明治に大阪の法善寺横町で創業し、大正4年に千束《せんぞく》のご隠居屋敷を庭ごと借りて東京に進出したおでんの『大多福《おたふく》』[15]。店先に大きな提灯が灯され、たいそうな趣と、奥行きのある店構え。前に父と浅草へ来たときは夕方5時の開店と同時に、ふくよかな顔立ちの女性が染め上げられた小豆色の暖簾をくぐり、おでん傍《かたわ》ら、灘・「白鶴」の樽酒を味わった。

昆布、鰹節、白醤油、酒、みりん、砂糖を使ったおでんつゆは、東京大空襲で焼失した店を再建したときから継ぎ足しされているもの。だしの効いた関西風と、醤油が香る江戸

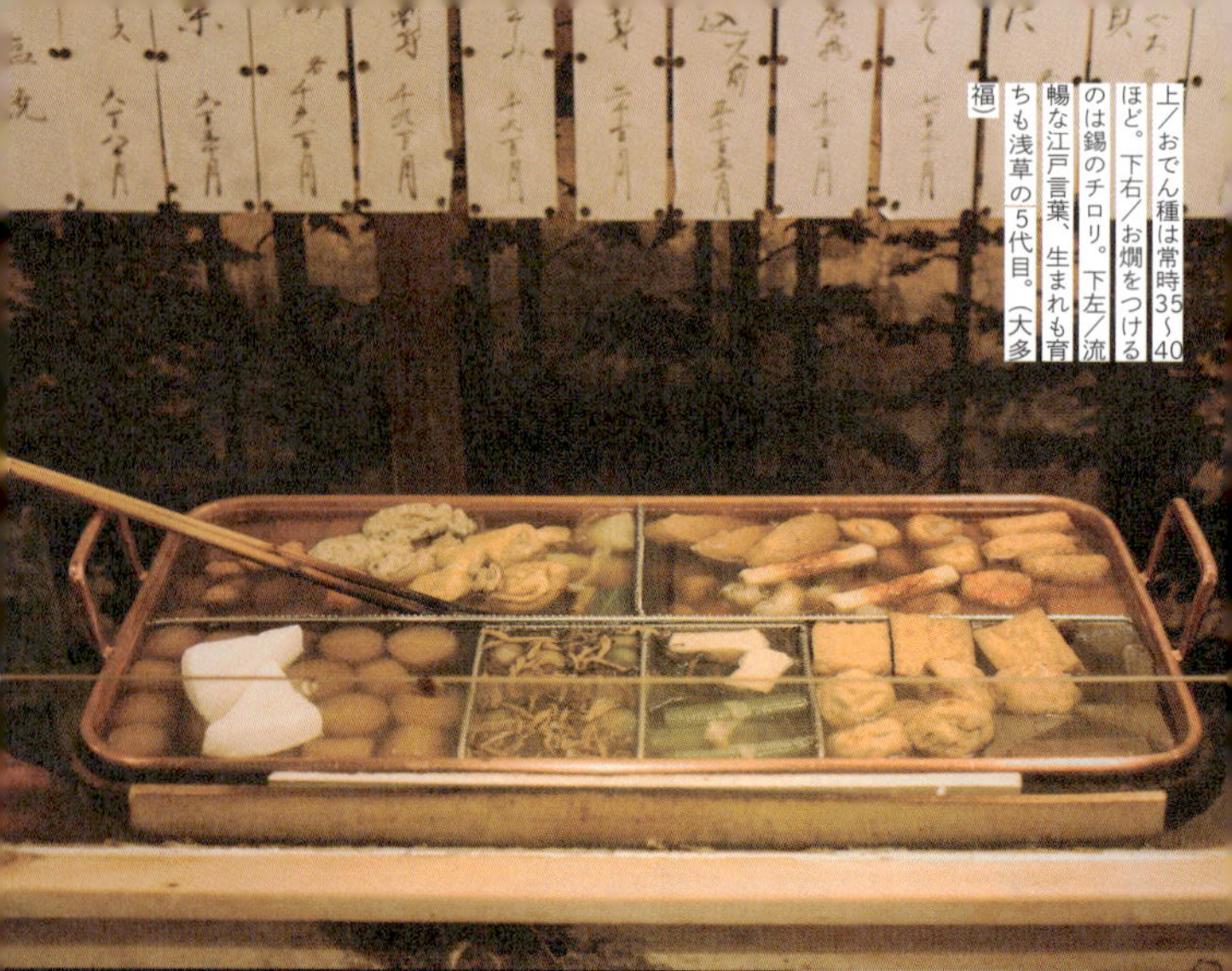

上／おでん種は常時35〜40ほど。下右／お燗をつけるのは錫のチロリ。下左／流暢な江戸言葉、生まれも育ちも浅草の5代目。（大多福）

木造建物、三和土をあがった3畳間と6畳間でスタート。最初は火鉢に鉄板をのせていた。（染太郎）

風のちょうど真ん中くらいで、琥珀色に澄んだあっさり味。以前、生まれも育ちも浅草の5代目大将を取材した際のことを父に聞かせていたところ、

「ちゃきちゃきの江戸っ子とは本来、3代続きの長男のみをさす言葉。ここのご主人は本物の、ちゃきちゃきだな」

同じ浅草生まれに出会うと父は、嬉しそうな表情を浮かべる。この店を父はとても気に入って、ことあるごとに、また行きたいと懐かしがる。時計に目をやれば、大多福の開店時間にはまだ届かぬゆえ、昼から夜まで通しで営業する、別の店を案内することに。


初小川も、アンヂェラスも、大多福も、そしてこれから向かう『染太郎』[16]も。浅草には本当の意味での酒場でなくても、お酒とともに歴史を重ね、お酒がある風景が店の一部となっている店があまた。蕎麦屋や天ぷら屋、はたまた洋食屋で飲んだり、店も客も、食とお酒の関係を、自身の中できっかり線引きしたり馴染ませたりして確立させている。そのためどんな店でも、不粋《ぶすい》な飲み方をしている人を見かけることは滅多にない。

だから浅草では、お酒だけが主役ではなく、食べることも同じだけ、主役になりうる店を巡りたくなる。

菊水通りを田原町へ向かう途中、右手に現れる木造家屋。小説の舞台にもなり、坂口安吾《さかぐちあんご》が仕事場や寝床がわりに通い詰めたという、昭和12年創業のお好み焼きの店『染太郎』。靴を脱いで上がる座敷に鉄板が数卓でんと置かれ、客それぞれ、思い思いに鉄板と向き合う。お好み焼きも焼きそばも、基本的には自分たちで料理するのだが、焼き方や加減が分からないときは店の人に声をかければ面倒を見てもらえる。

名物は、餅、にんにく、挽肉、玉ねぎ、生地を独特の方法でこんがりと焼き、醤油で味付けて食べる「しゅうまい天」。お肉が高価だった戦後、小麦粉にしゅうまいの具を入れてかさを増し、さらにお正月の残りの餅を加えて、しゅうまいに見立てたという、先代の女将が考案したもの。今はもうやっていないが以前は、食パンに挽肉を塗ってパン粉をまぶし、ラードでカリカリに焼き上げる「パンカツ」なる品書きもあった。貧しくも工夫を凝らして栄養をとった、戦前・戦後の気配が感じられる。

壁にはところせましと、色紙が整列するのだが、1枚1枚が鮮烈である。高見順、坂口安吾、江戸川乱歩《えどがわらんぽ》、水上勉《みずかみつとむ》、大島渚《おおしまなぎさ》、檀一雄《だんかずお》、開高健《かいこうたけし》、野坂昭如《のさかあきゆき》、渥美清《あつみきよし》、サトーハチローー。まるで文学館か。どの文字も記された言葉も、深い味わいがある。

父は学生時代、太宰治と坂口安吾に傾倒していたと、昔に聞いたことを覚えている。若き日に憧れた人の行きつけの店を、体感してほしいと娘心に考えたのだが、父は文士の面影より冷えたビールにご満悦。

しかして、ほろ酔い時分にはじまったのは、やっぱりいつもの、浅草話。

① 浅草観音温泉 閉店

昭和32年創業の温泉浴場。浴槽は半円状で、タイル壁には人魚の絵が。
東京都台東区浅草2—7—26

② 浅草花やしき

江戸時代に植物園として開園、昭和24年に今の形となった日本最古の遊園地。
東京都台東区浅草2—28—1
TEL 03—3842—8780

2016年に引退したBeeタワー

③ TOKYO CRUISE（水上バス）

東京都観光汽船、通称・水上バス。浅草〜日の出桟橋間を運航。
https://www.suijobus.co.jp/
10時〜17時／無休

④ 駒形どぜう

江戸時代のグルメ本『江戸名物酒飯手引草』にも記されるどじょう料理の専門店。
東京都台東区駒形1—7—12
TEL 03—3842—4001
11時〜21時／無休（大晦日・元旦は休み）

⑤ 紀文寿司

明治時代から続く江戸前寿司店。一枚板のカウンターで、握りやちらしを。
東京都台東区浅草1—17—10
TEL 03—3841—0984
月火木〜土12時〜14時、17時〜21時
日12時〜19時／水曜休

⑥ 神谷バー

『デンキブラン』が名物の日本最古のバー。本館は国の登録有形文化財に指定。
台東区浅草1—1—1
TEL 03—3841—5400
11時30分〜22時／火曜休

⑦ 展望喫茶 アサヒスカイルーム

東京都墨田区吾妻橋1—23—1 アサヒグループ本社ビル22F
TEL 03—5608—5277
10時〜22時／無休（年末年始、隅田川花火大会開催日は休み）

⑧ 初小川

創業は明治40年。現在4代にわたって営業している老舗のうなぎ専門店。鰻が出てくるまで少々時間がかかるので、冬ならば囲炉裏でつけた燗酒を。

東京都台東区雷門2―8―4
TEL 03―3844―2723
12時～13時30分、17時～19時30分／不定休（要予約）

⑨ ほおずき市（四万六千日）

7月10日に参拝すると四万六千日分の功徳があるとされる浅草寺の縁日。

東京都台東区浅草2―3―1（浅草寺本堂）
TEL 03―3842―0181
毎年7月9日10日　8時頃～23時頃

⑩ 金龍山 浅草餅本舗

仲見世で一番の老舗。名物のあげまんぢゅうを売り出したのは昭和33年から。

東京都台東区浅草2―3―1
TEL 03―3841―9190
9時～17時30分／水曜休

⑪ やげん堀

約400年続く、七味唐辛子の専門店。朱塗りの缶は東京の蕎麦屋でおなじみ。

東京都台東区浅草1―28―3
TEL 03―3626―7716（問合わせ先）
平日10時～18時　土日祝10時～19時／無休

⑫ アンヂェラス 閉店

昭和21年創業の喫茶&洋菓子の店。店の名は「聖なる鐘の音」という意味。2019年3月末に老朽化のため閉店。

東京都台東区浅草1―17―6

⑬ 正ちゃん

ホッピー通りの人気店。大鍋で仕込むトロトロの牛煮込と牛めしが名物。
東京都台東区浅草2―7―13
TEL 03―3841―3673
水木金お昼過ぎ〜21時　土日10時頃〜21時
※牛煮込みがなくなり次第終了／不定休

⑭ 三ちゃん　閉店

秋田から上京したご夫婦が家族とともに営んでいた大衆酒場。
東京都台東区浅草2―15―1

⑮ 浅草おでん 大多福

旧店舗は、店の中に池があったり、間口に対して奥行きが広かったり、内装も見所が多く趣があった。現在、改装工事のため仮店舗で営業中。2019年10月3日から元の住所にて営業再開予定。
東京都台東区千束1―6―2
TEL 03―3871―2521
平日17時〜23時　日祝16時〜22時（10〜3月の日祝12時〜14時、16時〜22時）／月曜休（11〜2月は年末年始を除いて無休）
●仮店舗　〜2019年10月2日まで
東京都台東区花川戸1―2―9　中傳ビル3F

改装前の店舗の入口。

⑯ 風流お好み焼 染太郎

初代女将のご主人は元漫談家。その時の芸名が染太郎だった。
東京都台東区西浅草2―2―2
TEL 03―3844―9502
12時〜21時30分／不定休

餅や挽肉で作る、醤油味の『しゅうまい天』は昭和の味。

機嫌のいいお酒

ぱっと見はプラスチックで、内側はステンレス。つまり決して高級品でなく、朱色の蓋は年の経過と洗い傷を帯び白いくすみがかかっている。しかしそれが30年も前のもので、今もまだ現役なのだから、大切に扱われてきたのだろう。コンセントに差し、7〜8分待てばできあがる2合の熱燗。私が物心ついてからその自動卓上酒燗器は、静岡の家の食卓の上座、父が座る席の後の棚にあった。長い休暇を与えられた夏の間はじっと息を潜め、

それ以外の季節は夜、夕げの番頭のごとく父の前に鎮座する。右手に酒燗器、左手に猪口。亭主関白ではあるが家族に酌を求めるようなことはなく、父はいつも手酌で燗酒を飲んでいた。

幼い頃は晩酌する父の懐に潜り込み、父だけ数品多いおかず、刺身や茹でた落花生なんかを一緒につまんだ。お酒を飲み始めると父は、いつにもまして機嫌がいい。私が生まれた日のことや学生時代の武勇伝をおもしろおかしく聞かせてくれたり、はやりのギャグや歌を交えてともにふざけ合った。そのうち父を除いた家族の食事が机上に並ぶと、私は自分の席へ戻らねばならない。本当はまだ、父の膝の上にいたいのに。行儀が悪いと母に叱られてしまうのだ。そうして、ちびりと杯を口に運ぶ父に見守られながら、私や姉は和《なご》やかに食事を済ませる。ほとんどお酒を飲まない母は、お味噌汁を運んだり、父のおかずを温め直したり忙しく働き、箸に手をつけるのは家族中で最後。私がデザートを平らげるあたりで父は晩酌を終えるのだが、そのまま酔いつぶれることもなく、実直な表情に戻って、書斎で俳句を作ったり、居間で読書することもあった。

私が今、お酒を飲むこと、お酒を飲む人、お酒のある風景が好きなのは、子どもの頃の父や家族との、あたりまえで幸せな記憶があるから。泣いたり怒ったり愚痴をこぼしたり辛くなるほど無理して飲んだり不機嫌なのより、いつまでもともにいる人と別れがたいような快さに満ちた、機嫌のいいお酒を愛している。

気分がいいこと最優先。辛くなるまで無理はしない。日本酒とハイボールを好んでいるが、銘柄へのこだわりはさほどなし。郷に入れば郷に従い、ビールや焼酎がその店や土地で一番と言われたら、まずそれを飲んでみる。蘊蓄《うんちく》は教示があれば感心して聞く。どこで誰とどんなふうに飲むかという場の雰囲気も、お酒の味わいのひとつと考えるゆえ、ひとりで、ところかまわず飲みはしない。

「老後の楽しみは、日本酒と俳句と歌舞伎。これだけは死ぬまでやめない」。定年を迎え退職するとき家族へ放たれた父の宣言。量こそ控えているようだが、言葉通り父は相変わらず機嫌よく、愛してやまない日本酒を毎晩続けているようだ。

そんなことを考えているなんて縁起でもないと、父や母を怒らせるくらいがちょうどよいのだが、いつか必ず訪れる父との別れのとき、私以上に長い年月、父の側に寄り添っている酒燗器を、形見に欲しいと思っている。

父が気に入ってる酒器は、地元・静岡県富士宮市の特産品、富士山溶岩焼きと呼ばれる陶器。お酒のことを書くのに貸してほしいと頼んだところ、すぐに荷物が届いた。箱を開けると、白い塊がごろごろ。徳利や猪口が、俳句がぎっしりと書き込まれた原稿用紙に包まれていたのだ。俳人として余生を過ごす、なんとも父らしい梱包。

2章

吉祥寺・阿佐ヶ谷

東京生活第一歩を思い出す、吉祥寺と阿佐ヶ谷。
暮らす人があたりまえのように集う、
身近で気取らぬ場で味わうお酒や料理。
近所に快い酒場のある幸せをかみしめながら。

ちょっと近所の酒場まで

上京しようと思いたった10日後には、東京行きの新幹線に乗っていた。10年ほど前のことだ。京都からまっすぐ吉祥寺へ向かい飛び込んだのは、駅近くの不動産屋。

どうして吉祥寺だったのか。そこに『いせや総本店 公園店』[17]があったから。ときどき東京へ出向いては、あちらこちらのカフェを巡りながらいろいろな街を訪れていたが、どこにいてもよそもの感をぬぐい去ることができなかった。そんな中、この店の近くに住んでみたいと思った唯一のところが、井の頭公園前の『いせや』だった。

「なんだろう、ここは。まるで外国みたい」

その頃はまだ海外へ行ったことはなかったけれど、異国の大衆酒場や市場はきっとこんなふうではないだろうか。友だちについて、はじめての吉祥寺で、はじめていせやの公園店へ赴《おもむ》いたとき。店へ一歩踏み入れただけでぐっと胸にきた。異文化へ放り出されたような緊張と開放感。知らなかった世界に触れた高揚を抑えきれず、場の賑《にぎ》わいに圧倒されながらも心が浮き立ち、慣れないビールのジョッキをおかわりしたほどだった。

結局、東京生活の第一歩を踏み出したのは、吉祥寺でなく阿佐ヶ谷。そして関西から友

建て替え前の店舗の中央大広間。簡易的な机と椅子で屋台のような開放感。窓の向こうは井の頭公園。（いせや総本店公園店）

だちがやってくると、オレンジ色の電車に乗って3駅先の吉祥寺まで足を運び、やっぱりいせや公園店へ案内する。「東京にも面白い店があるでしょ」などと、少し得意気に。

もともと精肉業者として創業したいせや。それが昭和28年、2階建ての店舗に改築したのを機に、1階が精肉店、2階ですき焼きの店をはじめた。今のように焼き鳥屋に形態を変えたのは昭和33年のことで、その後に公園店が開店している。

本店が今あるのは14階建てビルの1・2階。本店がそれまで半世紀以上使用された旧店舗の風景や、解体時の様子は、フォーク歌手・高田渡のドキュメンタリー映画『タカダワタル的ゼロ』に映し出される。私も何度か訪れてはいるが、旧店舗の立ち飲みカウンターで過ごしたことはなくて、それが今も悔やまれてならない。

けれども私がいせやといえば、それは公園店をさす。通っていた当時、〝酒場の玄人〟が行きつける本店より、さらなる喧噪《けんそう》に溢れ客幅の広い公園店を好んだ。昼から営業しているため、公園へ散歩しに通りかかった親子連れが、軽い食事がてらふらり立ち寄ることもある。工場跡を利用してでもいるのだろうか。公園店の建物は、外見より中に入ってから驚きがある。2階まで吹き抜けた、天井の高いバラックのような中央広間。大きな窓は気候がよければ開け放たれ、井の頭公園の緑が迫りくる。その大部屋に継ぎはぎのように小部屋がくっついているという複雑な構造。入口に宝くじ売場のような小屋があって、そこが番台というのも風変わり。2階に上がれば、ゆったり気楽な海の家を思わせる座敷席が広がる。

素っ気なさに男気がにじむお兄さんが黙々と炭火で焼く焼鳥は1本80円。唐揚、自家製シューマイ、豚のしょうが焼き。安くて食べごたえのある品書きを眺めているだけで、食指が動く。学生時代にかえったかのごとく旺盛に食が進むのだ。

「飲み屋で飲んでね、一番好きなのはね。いろんなジャンルの人がいてね、その領域を絶対乗り越えない。入りこまない。それが一番いいんだよ」

「本当におもしろいのはとにかく人物が全部ばらばらなの。僕なんかより人生ずっと乗り越えた人たちが全部くるわけだ」

いせやで気持ちよく酔っぱらった高田渡が、映画の中、残した言葉。

とにかくお酒が飲みたい人。お酒とともにおいしい料理が食べたい人。安く飲むことが重要な人。酒場に集まる人が好きな人。店主の心意気に惚れ込んでいる人。店の歴史に魅せられた人。場の雰囲気を味わいたい人。皆違った意思や事情で酒場にやってくる。私が酒場へ行くのは、ただおいしいお酒が飲みたいというより、なにか物語の潜む店で、機嫌よくお酒を飲みたいから。いせやは酒場に行き慣れない頃から、快くお酒を飲む楽しみを教えてくれた店だった。

昔はいせや一辺倒だった吉祥寺も、最近ではだいぶ視野が広がって、仕事もそう忙しくなければ、まだ明るいうちから店店を移動して歩くのが趣味となった。

スタートは、『井の頭公園』[18]。樹木や池や小さな動物園や遊園地もあって、昼寝や散歩、スケッチに白鳥のボートこぎ、のどかに時を過ごす人にひととき紛れる。公園の中には、『パークスワン』、『明水亭』、『井泉亭』と、缶ビールを扱う売店や茶店が点在。レストランのタイ料理『ペパカフェ・フォレスト』では、タイのシンハービールが定番だ。さらに姉妹店の『うさぎ館 カフェ・ド・リエーヴル』。森の中の白い小屋で、絵本の世界に迷い込んだような詩的な佇《たたず》まい。焼きたてガレットにお似合いのワインやシードルが揃い、女性が昼からワイングラスを傾ける姿が絵になる。今日はどこへ立ち寄ろう。駅からの道々、思案しながら進む喜びといったら。

ある平日、初夏の晴れた午後。いつものように井の頭公園を池に沿って散策していたところ。森の中、小さなスタンドカフェが、この日は開いているではないか。これまで何度

井の頭公園に向かう途中に見えた入口横の焼き場。（いせや総本店公園店）

か通りがかるも、定休日にあたってふられ続けていた、スペシャルティコーヒーの持ち帰り専門店。コーヒーの類と並んで、エールビール、黒エールビール、白ワイン、ホワイトサングリアがメニューに並ぶ。コーヒーはまた次の機会にしよう。今日の気分はサングリア。注文すると若い店主はカウンター越し、グレープフルーツをその場でキュッキュと搾《しぼ》りはじめた。「シャルドネと生グレープフルーツがよく合うんです」。手元をじっと見つめていると、気さくに作り方を教えてくれた。「はいどうぞ」。プラスチックのカップに注がれたホワイトサングリア。そこらじゅうに生い茂る木々と同じ色のストローがさしてある。しゃれたカクテルでもめったにストローを使うことはないが、公園の中ではこのスタイルがぴったり。すれ違う人はカップの中の萌黄《もえぎ》色の飲みものが、まさかお酒だとは思うまい。続けてぶらぶら歩きながら、後ろめたさを感じることなく、冷えたサングリアを体の中へ送り込む。

夕刻が近づくにつれ、時計をちらちら、そわそわ。よし、4時半まであと少し。井の頭公園をあとにして、小走りで吉祥寺駅近くまで。

目指すは井の頭通り沿い、丸井本館と道を挟んで向かい側にある『カッパ』[19]。近代的な

井の頭通りに面する窓際の立ち飲み用の小さな台で。淡麗で甘口の黄桜金印を。（カッパ）

ビルの1階。外見だけでは何の変哲もない酒場のようだが、2つの入口にかかるカッパの絵に「大衆酒蔵もつ焼専門店」という文字の濃紺の暖簾が、この店の実力を示すかのような貫禄ではためく。昭和43年創業で、荻窪と中野にも系列店がある店。

堅気な大将が寡黙に串をさばく焼き場は店の中央。幅広なコの字カウンターは開店直後、瞬く間に埋まり、それでもひっきりなしにやってくる客は、カウンターと壁の僅かな隙間、小さな皿置き用の板を利用しながら立って飲む。

定番のカシラ、レバ、タン、ハツ、軟骨、シロ、トロ、ガツはあとからゆっくり味わうことにして。チレ(脾臓)、ホーデン(玉)、オッパイ(乳房)、子袋(子宮)、リンゲル(膣)、早々に品切れてしまう珍しい部位からまず注文。味付けはタレか塩。ほのかに甘く八角の香りがぷーんと利いたタレは、私がこれまで食べたもつ焼タレの中でも随一。よってたいていのものはタレで頼む。レバ、コブクロ、チレ、ガツは、所望すれば刺しで味わうことができる。新鮮で、ほどよく歯ごたえもあって、しかし口の中でとろけるレバ刺しタレがとにかく絶品。ふとしたときに思い出しては、カッパのアレが食べたいなあとしみじみ思う。ビールは瓶のみ。ワイン、梅酒、泡盛、焼酎もある中、中華酒・老酒を飲む人が多い。香辛料のアクセントがタレとよく合うのだろう。それでも私は日本酒を。店の名にも通ずる黄桜金印。串はどれも1本90円の破格だが、お酒も1合260円。黄桜酒蔵のトレードマーク、色っぽいカッパのお姉さんを描いた徳利がご愛嬌。

カウンター席が空くのを待つ人もあるため、カッパでは腰を据えず小一時間で店を出るのが自分に課したルール。だが吉祥寺の夜は、まだまだ長い。

上野のアメ横、新宿ゴールデン街、渋谷のんべい横丁など同じく、戦後の闇市の名残、ハーモニカ横丁にもたくさんの酒場が密集する。殊に、『美舟』の大衆的で昭和的な雰囲気は珍妙だ。1階席を覗くだけでは小さな店だが、2階は相当な広さ。おからを軍艦巻きにしたキラスという料理が滋味深い。

様々な酒場が軒を連ねるヨドバシカメラ裏の一角、山形料理『いなかっぺ』[20]も、何人かで集い料理をつつきながらお酒を飲むのに恰好。初代が山形出身で、お酒と料理は故郷の味。店の名のごとく田舎の民家特有の温かさと寛げる座敷の壁には、ところどころ錚々《そうそう》たる漫画家の直筆画が。西原理恵子《さいばらりえこ》、山本英夫《やまもとひでお》、佐藤秀峰《さとうしゅうほう》、福本伸行《ふくもとのぶゆき》、漫画家とミュージシャンに愛される吉祥寺らしい。

寒い季節は、さといも、和牛肉、きのこ、こんにゃく、豆腐などを醤油とみりんで味付けたスープで煮込んだ「いも煮会鍋」を囲みたい。静岡生まれの私には馴染みがなく新鮮なメニューだが、東北出身者には懐かしい家庭料理。山形の地酒である加茂川、初孫、出羽桜を熱燗で飲み飲み、昔語りをすれば体の芯までポッカポカ。焼酎の一升瓶がぎっしりのったテーブルから、どれでも525円でお好みを試すこともできる。そうだ、珍しい料理をひとつ。おしんこ盛り合わせをちょこんと彩る、ふっくら赤く丸い粒。正体はサクランボのしば漬け。甘酸っぱさがお酒のアテにふさわしい。

先にも触れたように、酒場へと通うのは店ごとに漂う物語を感じたいから。先達が言葉で描いた風景に触れたり、自ら新たな場面を読み取ったり。吉祥寺駅から歩いて10分はかかる五日市街道沿い、繁華街と住宅街の境目にある『闇太郎』[21]を訪ねてみたいと思ったのも、そこが物語の舞台となった店だと知ったのが端緒。その物語とは、川上弘美『センセイの鞄』。ツキコさんとセンセイが逢瀬を重ねるあの酒場だ。

開店前は漫画家・江口寿史《えぐちひさし》氏が絵を描いたシャッターが降り、夜7時から軒先に赤提灯が灯る。L字のカウンター15席ほどを、ねじりハチマキに作務衣《さむえ》の大将がひとりきりもり。ビールは瓶。日本酒は剣菱と冷酒の杉の森、2種類。自家製梅酒や焼酎、ウイスキー

大衆酒処
闇太郎
闇太郎特製
お好焼
おでん

も揃う。料理は、おでん、刺身、鉄板焼、もつ煮込みやラッキョウ漬けと豊富にあるが、なんと大将、料理修行をしたことはなくすべて我流。だがどれも確実においしいのは、生まれ持ったセンスや探究心、こだわりの深さがなせる技。40年も前のことだが、前職ではゲームの開発やコピーライターと、時代の先端に立っていた。

「愛嬌はない、人見知りする、頭を下げるのは嫌い、世辞・ごますりの類は大の苦手、褒めるより苦言、協調性より独自性、妥協より訣別、金儲けよりロマン、損得より己れの美学……およそ商売人向きの性格にはできていない」

これは、闇太郎25周年に常連たちが作成した記念誌へ大将が寄稿した文の一部。大将の人柄はもちろん、闇太郎がどんな店であるか一読すれば想像がつくだろう。そう、闇太郎は決して媚《こ》びを売らぬ酒場。まずサービスを買いたければ、他の店をすすめよう。酒場と言えど、人と人。呼吸が合ったり、合わせたりはとても大切だ。満席のさなか小刻みに注文を重ねたり、辺り構わず大騒ぎをすれば、静かに大将の喝が飛ぶ。だからといって、ただ偏屈なのと違う。全て闇太郎そのものと、やってくる客を愛するがゆえ。カウンターの向こうから、ちゃんと客の様子を窺《うかが》って、全体がいい雰囲気で飲めるように気を配り、手間がひけばいろいろな話を聞かせてくれる。

私も慌ただしくなる前の開店直後に出向き、ハイボールを片手に大将の生い立ちや、開店時の様子、数年前に乗り越えた立ち退きの危機の話などを伺った。名古屋から上京して職を転々としたこと。反戦運動。会社を辞め昭和47年に闇太郎を開くまで。コピーライター時代の腕を活かし、30くらいの候補の中から選んだ店の名。創業当時、店の前にあったポルノ映画館。常連の漫画家や作家。歳は70になるが、61の心意気でやる。もちろん、『センセイの鞄』についても。まるで大河小説のように、大将の話は果てしない。一度ではとても足りず、また続きをと足を運ぶ。酒場でおいしくお酒を飲み、機嫌のいい時間を過ごすのは、大将と客の二人三〝客〟で。店と歩幅を合わせる意味や価値を教えてもらった。

闇太郎が吉祥寺の夜の酒場の学び舎ならば、『ロカリテ』[22]は明るいうちにカフェで嗜《たしな》むお酒の、心地よい歓びを知ることができた店。紅茶や絵本の専門店が入るビル。地下に続く階段を下ると、白い壁に白いドア。その向こう側、国内外の古書や古道具が壁によりかかる小部屋に、小さな木の机と椅子が、ちょこちょこっと。天井からは満月の子どものような、まんまる電球がぴかぴか。このまんまる、白いコーヒーカップの中の漆黒のコーヒー

左手にちらりと写るのが愛しの"孤独の席"。手前の机の上にあるのがパナシェ。（ロカリテ）

L字のカウンターの向こう側が座敷席。さらにその奥が厨房。右手の本棚には句集が。（だいこん屋）

に、本当に満月みたいに金色に浮かびあがる。コーヒーを淹《い》れるキッチン台の他、入口から向かって右手にもカウンターが。座わると煩悩を弾くような白壁に向かうことになるから、〝孤独の席〟と密かに名付け、そしてその席のことを私はとても好きでいる。

個人的な習慣だけれど、お酒のあと、気付けにコーヒーを飲むことがある。ところがロカリテではその逆。こっくりとした味わいの中にほどよく酸味がとけこんだ深煎りのブレンドコーヒーを飲んだあと、うっとりとした余韻の続きへ手をのばすため、お酒を追加したくなるのだ。白いピッチャーに入ったビールと瓶入りフレンチレモネードをグラスに注ぎ合わせるパナシェの他に、メニューの中のお酒はハートランドビールとシェリー酒の3種。店では食事を出さない代わり、同じく吉祥寺にあるフランス田舎菓子の店『A.K.Labo』の、とびきりのデザートを食べることができる。ブラマンジェ、ヌガーグラッセ、クレームキャラメル（土日のみ）もよいが、挽きたての黒コショウを散らしたテリーヌショコラは最高のお酒のおとも。しっかりとした粘り気と贅沢なほど濃厚なチョコレートの香りのショコラは、口に含んだ途端みるみる溶ける。それからすぐに、シェリー酒をごくり。するとキリリと熟成した白ワインが、まろやかになる。お酒とお菓子の組み合わせは邪道だと唱える人も、ロカリテを訪れたなら考えをくつがえすかもしれない。

こんなふうに過ごす午後。ロカリテのような美しい景色のカフェでは、昼から女性がひとりでお酒を飲んでも絵になるだろうと、巧みな口実が整っている。

さて話を冒頭に巻き戻し。上京してすぐ私が暮らしたのは阿佐ヶ谷という街。駅の北口を出て、どら焼で有名な和菓子の『うさぎや』を通り過ぎ、けやき公園プールという野外プールのすぐ脇にあった一軒家の2階。その家からもっとも近い飲食店が『だいこん屋』㉓だった。当時まだ私は、お酒の妙味に目覚めておらずも、父親を筆頭に周囲の友だちときたら揃って酒好き。遊びに来た人と家で宴をすることもあったが、料理が用意できぬ日は、夜にはどこかへ案内せねばならなかった。

そうして通い出したのがだいこん屋。週に二度行くこともあれば、数ヵ月空くこともある。本当に普段使いの店だった。あまりに近い存在は、離れてはじめて偉大さに気づくというが、だいこん屋がまさにそう。2年暮らした阿佐ヶ谷を離れ中目黒に移ってから、あの独特の庵感《いおりかん》が不意に恋しくなる。その恋しさと切なさで、いかに希有《けう》な存在だったか思い知り、以後、年に一度ほどわざわざでかけた。

ガラガラとよい音をたてる引き戸を開いてすぐがカウンター。私は滅多にそこへ座ることはなくて、奥の座敷まで通してもらう。経木《きょうぎ》に手書きされた品書きから、キュウリミョウガもみと、ブリかまダイコンを選び、まずお母さんに注文を伝える。お母さんがそれを座敷向こうのご主人に告げ直すと「はいよ」。気迫のこもった返事が返る。お酒はカウンターでお母さんが用意、料理はご主人。品書きに鯨ベーコンがあるのは、昭和47年に居酒屋をはじめる前、ご主人は捕鯨船の船乗りだったため。座敷の角に、鯨のペニスがたてかけられてあるのもそれゆえ。ビールは瓶のみ。日本酒は久保田、黒帯、越乃かぎろひ、お燗はじょっぱり。俳人でもあるご主人らしい、閑寂として詩情に満ちた侘びの酒場。今も東京中で一番、通い続ける店である。

だいこん屋で快く酔ったあと。ブランコ席のある喫茶店『ギオン』[24]へ寄るのが常。コーヒーや、大きなグラスいっぱいのバナナやイチゴのジュースを飲んでから帰る。ファンシーにコラージュされた手作りのメニューには、カクテルメニューもずらり列している。モーニングから真夜中まで、ご近所さんが思い思いに過ごす店。家でなくなぜギオンなのか。辺りの客を見回しながら、一人ひとりそれぞれきっと、物語を背負っているのだろうと、いつも通り思いを巡らせる。

⑰ いせや総本店 公園店

著名人にも愛される焼き鳥屋。店舗老朽化のため建て替えをし、2013年に新店舗として生まれ変わった。写真は建て替え前の入口。
東京都武蔵野市吉祥寺南町1―15―8
TEL 0422―43―2806
12時～22時／月曜休

⑱ 井の頭恩賜公園

映画ロケにも使用される公園。
東京都武蔵野市御殿山1―18―31

⑲ カッパ 吉祥寺店

料理はもつ焼きとお新香のみ。開店すぐに品切れの部位が出る駅前の人気店。
東京都武蔵野市吉祥寺南町1―5―9
TEL 0422―43―7823
16時30分～22時／日曜・祝日休

⑳ いなかっぺ 吉祥寺店 閉店

いも煮など山形の田舎料理を味わえる居酒屋。武蔵境の系列店は営業中。
東京都武蔵野市吉祥寺本町1―25―7

右／いも煮会鍋1500円の一人前。左／サクランボのしば漬け入りおしんこ盛り合わせ。

㉑ 闇太郎

2019年現在も吉祥寺で47年変わらず続く居酒屋。漫画家や作家たちにも愛されている。

東京都武蔵野市吉祥寺東町1—18—18
TEL 0422—21—1797
19時〜翌1時／日曜休

右／毎年6月に漬ける梅酒とラッキョウ漬け。
左／シャッターの絵は江口寿史氏によるもの。

㉒ ロカリテ (cafe Localité) 閉店

店名がフランス語で場を意味するカフェ。近くにギャラリー「Localité」もあった。2011年に惜しまれながら閉店。

東京都武蔵野市吉祥寺本町2—14—7 吉祥ビルB1F キチム内

右／ビル地下の扉の前。左／シェリー酒とテリーヌショコラ。

㉓ だいこん屋

カウンターは常連で埋まる居酒屋。日ごと変わる素朴な料理が美味。

東京都杉並区阿佐谷北1—9—2
TEL 03—3338—7791
18時〜翌0時／祝日休

新ジャガカレーボール。

24 喫茶 ギオン (gion)

阿佐ケ谷駅前で30年以上続く喫茶店。ブランコ席があり深夜まで営業。

東京都杉並区阿佐谷北1−3−3 川染ビル1F

TEL 03−3338−4381

8時30分〜翌2時/無休

右/ネオンの店名を目印に。左/ブランコ席で酔いさましのイチゴジュースを。

奥野修さんに聞く
東京でお酒を飲むならば？

奥野修●1952年、京都・河原町三条の喫茶店『六曜社』の三男として生まれる。10代から20代前半、東京での音楽活動を経て、六曜社地下店のマスターに。現在も、「オクノ修」名義でCDのリリースやライブを行なう。奥さまの奥野美穂子さんと甲斐みのりの共著に『京都・東京　甘い架け橋〜お菓子で綴る12か月の往復書簡』（淡交社）がある。

京都の喫茶店「六曜社地下店」のマスターで、ミュージシャンでもある奥野修さんは、私が尊敬と憧れを抱く男性。お店のカウンター越し、ライブの打ち上げの席、京都の酒場で。修さんが愛してやまない、コーヒーやお酒や音楽のことを聞くのは私にとって格別の時間。そんな修さんにあらためて、酒場のお話を伺うことに。

お酒を飲む楽しみは酒場の気配ありき

甲斐　私はお酒の量が飲めるわけでも、味の違いが分かるわけでもないのですが、酒場の雰囲気を味わうことが好きで。量や味以上に、お酒がある場の気配を楽しむ視点から本を書いています。それは喫茶店にもいえることですが、酒場それぞれに常連がいて独特のルールがあって。それを瞬時に悟る、「空気を読む」のが好きです。酒場は本来、女性が堂々と通えるようなところではなかった。お酒に対して若輩者の私が、男性社会にお邪魔させていただきますという気持ちで巡っているのですが、私が尊敬する「お酒飲み」のひとり、修さんの京都での普段の飲み方や、東京の好きな酒場についてお話を聞かせてください。

奥野　京都だと、何曜日の何時にこの店というのがまずあって。「まほろば」、「鴨川カフェ」、「ユーゲ」を延々とまわっていますね。地元ではあまり新たな挑戦はしないんですけど、最近、意を決して入ってみて大ヒットしたのが「むらや」。通いだして「僕がいつも飲んでいる酒はこれです」と話をしたら、次に行ったときにちゃんと揃えてくれていて。しかも安い。

甲斐　地元の酒場においては安さが重要とおっしゃっていましたよね。私はよく「赤垣屋」に行きます。旅の途中の〝たまに〟の贅沢気分を味わうには「赤垣屋」や「神馬」もいい店だと思います。

日本酒は純米を純米ならば銘柄問わず

奥野　居酒屋では僕なりの基本があってね。日本酒は純米酒が一番。純米で安ければ銘柄は問わない。まずそれを目指すんですけど、本当に安い店に純米があるのは稀。でも大阪で通っている「白雪温酒場」という店の燗酒は純米なんですよ。正確に調べたことはないけど、1合200円そこそこくらいで。米は海外のですけど、でも純米。僕は純米だったら何だっていい、基本はね。でも最近、よく行く大阪の西成の立ち飲み屋で純米酒なんていったら殴られるから（笑）、そこでは純米じゃなくても我慢します。

甲斐　私もお酒を飲めるようになってから、父に「日本人なら日本酒を飲め。日本酒は純米を飲め」と繰り返し教えられ、純米酒を選ぶように。

奥野　安い酒を飲むと悪酔いして日本酒嫌いになってしまう。僕が日本酒を飲み始めたときはそんなんばっかりでしたけど。

甲斐　何歳くらいの頃ですか？

奥野　若い頃は飲んでも吐いたりして。僕がちゃんと最初に日本酒というのはこうなんだと覚えたのは35歳くらい。

甲斐 それまではビールを？

奥野 いや、お酒自体を飲んでいなかった。お金もないし。

甲斐 なにがきっかけでお酒を飲むようになったのですか？

奥野 「まほろば」に出会ったから。純米しか置いていないんです。それで日本酒ってこんなうまいもんなんかって。

甲斐 今は一杯目から日本酒？

奥野 いやいや、そんなきついこだわりはない。ビール飲んだり、ワイン飲んだり。

甲斐 35歳からとは意外です。家では飲まないのでしたよね？

奥野 家にお酒は置いていない。ただアルコールが欲しいというのではなく、お店そのものとか、人がいる気配とか、楽しみに来ているというのはある。

甲斐 私もそう。誰かと一緒でないと家ではお酒を飲みません。

奥野 10代後半～20代前半まで東京に住んでいたときも、お金がないから飲んでませんでした。

甲斐 京都から音楽活動で東京に通うようになって、東京の店へも行くようになったのですか？

奥野 そうそう。自分の小遣いで居酒屋に行けるようになってから。でもライブで行ったときは夜がつぶれてしまうから行きたい店に行けないんですよ。レコーディングのときは夕方5時から飲めることもあります。

㉕ 金田（自由が丘）

㉖ 市民酒蔵 諸星（横浜・新子安）

甲斐 この店に行きたいと思うきっかけはどんなことですか？

奥野 友だちに「絶対いい店」と聞いて行くと本当にいい店ばかり。雑誌を見ていくと外してしまうこともあるけど。

安くて旨くて雰囲気よし 財布も許す〝かっこいい〟店

甲斐 東京で一番最初に好きになった酒場はどこですか？

奥野 自由が丘の『金田』。安くはないけど、コの字カウンターでアテの感じもよくて。煮こごりとかまぐろのぶつとか関西にないから東京の居酒屋という感じがして。カウンターがコの字やL字だと飲んでいる人の顔が見えていいね。

それからこの間、横浜の『市民酒蔵 諸星』に連れて行ってもらってすごくよかった。十条の『斎藤酒場』も都心から30分ほどかかるけど駅前にあるからイメージほど遠くない。この2軒は僕の財布が許せる酒場で本当にかっこいい。

甲斐 かっこいい、とは？

奥野 こんなに飲んで食って楽しんで、こんな値段でいいのかっていうのがかっこいい。

甲斐 湯島の『シンスケ』などはモノがいいのでそれなりの値段はしますが、かっこいい居酒屋ですね。神楽坂の『伊勢藤《いせとう》』も独特の静けさや秩序があってかっこいいですね。でも、修さんもけっこう遠くまで居酒屋を訪ねることがあるの

27 斎藤酒場（十条）

28 シンスケ（湯島）

29 伊勢藤（神楽坂）

ですね。

奥野 好奇心がなせるわざで。でも遠征までするのは本当は恥ずかしいですよ。男がすることじゃない（笑）。やっぱり地元で飲むのがかっこいい。

酒場ごとある暗黙のルール 場の空気を読める客に

甲斐 修さん、大塚の『江戸一』もお好きなのですよね。

奥野 料理が旨くて、燗酒の具合がするどい。静かに飲みましょうという店なんで、うるさいと怒られますけど。おばあちゃんと娘さんでやっているから女性ひとりで行っても大丈夫。

甲斐 東京だと女性だけではだめという居酒屋、けっこうありますものね。

奥野 え、そんなんあるの？

甲斐 伝統を重んじるお店では、女性のみの入店は断るところもあります。江戸時代では男性のアフターファイブである酒場は、どこも女人禁制だったそうです。根岸（鶯谷）の『鍵屋』もそうだったので、私は父と行きました。

奥野 大阪の「明治屋」がかっこいいのは、カウンターで女性一人、本読んでる人がいたりで。

甲斐 女性同士、お酒を飲めない同士、話に夢中であまり注文しないのが居酒屋訪問のルールに反するのは分かります。ひとり一品の注文。携帯電話使用や大声でのおし

30 江戸一（大塚）

31 鍵屋（鶯谷）

やべりをせずに、他の客に迷惑をかけない。暗黙のルールを心得ている客が集まる店がいいですね。話は戻りますが、他にも東京で好きなお店はありますか？

奥野 10代のとき赤羽でサンドイッチマンをしていたことがあって。朝からやってる『まるます家』、鯉とうなぎの店。ここは好きです。

甲斐 鶯谷の『信濃路』にも行かれていましたね。

奥野 そこは24時間営業の大衆食堂で居酒屋じゃないんだけど。朝と夜、一日2回行ってみたら朝の方が好きだった。昼飲んでる感じがかっこよかった。

甲斐 修さんの話は「かっこいい」がキーワードですね。私はライブ中もビールを飲む修さんをかっこいいなと思います。

奥野 ライブ中のビールは素の恥ずかしさを和らげてる。

甲斐 バーは行きませんか？

奥野 高くついちゃうでしょ。誰かが払ってくれたら行きます。バーだって嫌いじゃあないです。でも銀座や祇園で、なんぼだろうと想像つかない状態は嫌です。銀座の『ロックフィッシュ』はハイボールもアテもおいしいし、安いし好きですね。

甲斐 「六曜社」でも1階のメニューのハイボールをよく注文します。昔からあるのですか？

奥野 ずっと昔から。朝酒の人、昔はもっと多かったですよ。

32 まるます家（赤羽）

33 信濃路（鶯谷）

34 ロックフィッシュ（銀座）
※移転前の店舗

追い立てられず居心地よく再訪したいと思う店

甲斐 修さんは一人飲み派ですか？一人のときもお店で？

奥野 本当は基本、人と飲むのはあまり好きではないですね。お店で一人で飲みたい。でも京都だと絶対誰かに会ってしまうんで。休日は大阪ではしごする。

甲斐 東京でもはしごを？

奥野 東京はだいたい1泊2日なんで、どこに行こうかすごく考えますね。でもライブのときは居酒屋に行けないので、最近は神田の「かんだやぶそば」（→P146）で昼酒をしたり。そのあと甘味屋。

甲斐 「竹むら」ですね。

奥野 最近は最後、東京駅で日本酒。新幹線に乗る直前まで。

甲斐 地下1階改札口内の『はせがわ酒店』。日本酒バーがあって、いつも満員。でも、ここなら新幹線に乗る前、あと5分でも走ったら飲める。

奥野 昔は新幹線の最終までねばって。『江戸一』で一升飲んだこともあったけど。今は早めに京都に帰って、京都で飲む。東京の酒場で偶然出会ったのはあんまりないな。足で探すこともあるけれど。そういえば甲斐さん、この本知っています？

甲斐 『下町酒場巡礼』（筑摩書房）、持っています！

奥野 『唄う人』というアルバムの

35 はせがわ酒店（東京駅）
※現在イートインスペースなし

『下町酒場巡礼』（筑摩書房）

甲斐（続き）制作中、門前仲町に滞在していて。毎晩打ち上げしたのが、ここにのってる『だるま』。この店には看板娘がいて、何頼んでも〝一発〟って言う。こんなキレイなおねえちゃんが(笑)。だからみんな頼んじゃうんです。それから表紙の店、山谷の「大林」。ここはすごいかっこよくて、僕にとって思い出深いものがある。山谷では昔、暴動があって、それを防ぐために鉄格子が店の前にあるんです。3時半の開店にそれを開けるんですよ。それがまたかっこいいのね。隣のコーヒーの名店「バッハ」では、コーヒーの焙煎をはじめるときにいろいろ親切に教えてもらって。

甲斐 そうなんですね。以前、修さんがコーヒー一杯で長居できた客は一生の客になってくれるとおっしゃっていましたが、酒場にも通じるところがありますね。追い立てられずに居心地よく飲めたら必ずまた行く。

店にゆだねるいつもの味 酒場とともに人生の旅

奥野 しかし店のルールってあるからね。それを知らずに怒られて耐えて、乗り越えたら優しくされる、そんな店もあるじゃないですか。僕が今思ったのは、私が好きなこういうコーヒーがありますか？って、自分のルールを持って入ってくる客。酒場のアテでも、俺が注文した料理に味の素をかけるな

36 だるま（門前仲町）

みたいな。味の素をかける店で、それをかけないでくださいって言うことが正しいのかどうかとは思います。観光しているときお店で、おすすめは何ですか？って聞くじゃないですか。でもそんなこと聞かない方が本当はその店を味わえる。そうじゃなくて普通に入って、コーヒーくださいとか、お酒くださいって言ったときの方が、その場所の感覚とか雰囲気を味わえるのに。ほんまに普通に出しているものを味わって、感じないと、本当に人生の旅をしていることになっていないもんね。本当のモノのうまさって、出てきたときの最初のゆげの香りがうまいのに。

甲斐 頼んだものが出てきたら携帯を出して写真を撮って、それから食べ出すのがあたりまえのような時代でもありますね。

奥野 写真を撮っている間に香りが薄まって冷めてしまう。記録することにこだわって自分の記憶を大切にしていない。それってほんまに人類の経験が薄まっていってることでしょ。居酒屋以前に、そのことを言いたい。

甲斐 我が身を省みてしまいます。お酒の場を楽しみたいとあちらこちら巡っていますが、訪れた事実や記録することに凝り固まらず、その場の雰囲気や本当のモノのうまさを味わえるようになっていきたいものです。

25 **金田**
東京都目黒区自由が丘 1-11-4　TEL 03-3717-7352

26 **市民酒蔵 諸星**
神奈川県横浜市神奈川区子安通 3-289　TEL 045-441-0840

27 **斎藤酒場**
東京都北区上十条 2-30-13　TEL 03-3906-6424

28 **シンスケ**
東京都文京区湯島 3-31-5　TEL 03-3832-0469

29 **伊勢藤**
東京都新宿区神楽坂 4-2　TEL 03-3260-6363

30 **江戸一**
住所非公開

31 **鍵屋**　※女性だけでの入店、子連れでの入店はできません。
東京都台東区根岸 3-6-23-18　TEL 03-3872-2227

32 **鯉とうなぎのまるます家 総本店**
東京都北区赤羽 1-17-7　TEL 03-3901-1405

33 **信濃路 鶯谷店**
東京都台東区根岸 1-7-4　TEL 03-3875-7456

34 **ロックフィッシュ**
東京都中央区銀座 7-3-13-7F　TEL 03-5537-6900

35 **はせがわ酒店 東京駅 GranSta 店**
東京都千代田区丸の内 1-9-1 東京駅改札内 B1 GranSta 内　TEL 03-6420-3409

36 **だるま**
東京都江東区門前仲町 2-7-3　TEL 03-3643-4489

※情報や写真はすべて取材時のものです。
［取材協力店］京都 cafe bar yugue ユーゲ

3章

中目黒・渋谷

若者の街だと言われるが、古い店や風景も残る中目黒や渋谷。
生活を送りながら毎晩のように、食事がてら酒場へ通った日々。
いつもの友だち、いつもの会話、いつものメニュー。
特別とは違う、なんでもないあたりまえが
振り返れば、幸せな時間だったと気が付く。

毎晩、酒場で、晩ごはん

中目黒といえば、現代の業界人や文化人が集う、洗練された土地。上京したての私は、その後この街の住人になろうとは思いもせず、雑誌で読んだままの色眼鏡で見ていた。心なしかすべての人が、迷いなどなく晴れやかに生きているように、まぶしく目に映る。もちろんそれは偏った先入観だったと、暮らすようになって気付くのだが。

ここ10年で中目黒の風景は大きく変わった。再開発にともない、中目黒駅前や高架下にあった昭和風情の酒場は一様に撤退し、新しい道や高層マンションの作為的な景色に変貌。職人が握る店にしては手頃な価格で寿司を食べることができる『いろは寿司』も、壁に著名人のサインがずらり並ぶ、博多仕込みのもつ鍋が名物の『鳥小屋』も、今はどちらも移転したけれど、以前はともに東横線の高架下にあった。2店とも居酒屋ではないけれど、普段の食事や、シビアな仕事の話、大勢での打ち上げ、すべてがひとつの店で済む。食卓や居酒屋代わりに、毎日利用する人もいるほどと評判を耳にして、私の家の近くにもそんな店あったらいいのにとしみじみ思った。

上／中目黒駅ホームから見るいつもの風景。下／春には桜の名所となる目黒川。

それから2年が過ぎた頃、仕事も生活も同じ家で営むのが手狭になり、仕事場と住居を別にしようと決意。縁あって借りることができたのが、東京オリンピックの年にできたという、代官山のマンションの一室。「パシフィック代官山」の名にふさわしく大型船のようにゆったり広い洒脱な建物。窓からの風景が小学校なのや、道路を挟んですぐ前に小さなスタンドバーがあるのも気に入った。

住まいは中目黒の山手通り沿いの部屋。午前のうちに家を出て、帰宅は夜中の0時前後。平日の晩は友だちや仕事相手と外で食事をとることがほとんど。自炊が当然の今より随分と乱暴な食生活だったことに違いないが、食べることや酒場へ通う楽しみを覚え、くいしんぼうに拍車がかかった愛おしい時期でもある。

新しくできた店や、なにかの雑誌にとりあげられていた店には、ひと通り足を運んでみるも、たいがい二度目はやってこない。そんな中でも宮崎料理『よだきんぼ』、ジンギスカン『まえだや』、焼鳥『串若丸』は、料理がおいしく何人かでお酒を飲みながら食事するのにたびたび訪れた。しかし中目黒での生活に慣れるにつれ、食事するのもお酒を飲むのも、選択肢は次第に限定され2店のみになった。

そのひとつが、中目黒駅から、恵比寿・代官山・渋谷、3方向への分かれ道となる鎗《やり》ヶ崎《さき》交差点へ続く、坂の手前の『藤八《とうはち》』㊲。

暖簾には「大衆割烹」と掲げているが、元は、もつ焼きを主にして昭和52年創業。カウンター、テーブル、座敷と3タイプの席があり、100人は入れる大箱店。壁やカウンターの上には短冊状の品書きがびっしり。今はもつ焼と同じほど、刺身や焼魚の注文が多いらしい。それから、色の薄いこぶだしのうどんも名物だ。

最初に誘ってくれたのは、ユトレヒトという本屋で働く岡部さん。ユトレヒトがまだ代官山にあった頃、私の仕事場からまっすぐ5分歩けば店に辿り着くご近所同士。その日の仕事に目処《めど》がつく夜21時頃。お腹がグウと鳴ると岡部さんに電話して、「ごはん行こう」と誘ったり、誘われたり。週の半分をともにしていただろうか。先に触れたスタンドバー前で待ち合わせて、中目黒へ向かう。

あるとき、「あなたの好きそうな店へ行った」と彼女が話していた店、それが藤八。ちなみに私が好きそうな店とは、決してぴかぴかしておらず、過ぎた年月、訪れた人の数が独自の色や匂いとなって現れているところ。

人見知りな私に対して、にこやかな顔つきの岡部さんはすぐお店の人に覚えられる。藤八でも店で働く愛想のいい女の子と顔見知りになり、道で出くわせば「鍋はじまったよー、食べにきてねー」なんて、よく声をかけられていた。藤八は11月から2月頃まで、具だくさんの鍋が品書きに並ぶのだ。

席に着くと、おすすめメニューがすっと差し出され、そこから数品、まず選ぶ。「それから、ハイボールとウーロン茶。腸詰、肉じゃがコロッケ、とりもつ煮、クリームチーズ、カマス塩焼も」。勢いよく注文するのが、私たちのささやかな取り柄。私がハイボールで、岡部さんがウーロン茶。岡部さんはお酒が飲めない。しかし、お酒の肴を愛好するゆえ、居酒屋への同行をいとわない。

店の裏の倉庫で手作りされる腸詰と、オカカ醬油をまぶしたクリームチーズに海苔を巻いて食べるのが、格別。薄くスライスされた腸詰は香辛料の香りと風味が肉の旨味とともに凝縮され、舌の上にうっとりとした余韻を残す。まるでいそべ餅のような食べ方のクリームチーズも、和の素材と実に調和し、日本酒と交互に口に運べばいつのまにか1合くらい、すいっと消えてしまう。うなるほどというのと違うけれど、食べ飽きないお酒の名傍

藤八名物
名物 いかのかき揚げ 四二〇
自家製 はんぺん 四二〇
名物 肉じゃがコロッケ 210
自家製 腸詰 四二〇
オニオン、スライス 三二〇
カラスミ 七〇〇
イチロー 五〇〇
オクラ 山芋 めかぶ 納豆 ネバネバ寄せ 450
とまと、オニオンサラダ 480.
マカロニサラダ 380
冷やし とまと 二八〇
野菜サラダ 和風ドレッシング 四八〇
もろきゅう 三五〇
エシャーレット 三〇〇
美味しい ワインにぴったり クリームチーズ 五〇〇
とり皮塩焼 110.
つくねタレ焼 110.
とんバラ塩焼 110.
うるめいわし 四二〇
いかすみ塩辛 三五〇
辛子明太子 五〇〇
壁に所狭しと貼られた、手描きメニュー。（藤八）

役。今日はお酒は止めておこうという日も、これを食べずして帰るものかと注文してしまう。

スーツ姿のサラリーマンも見かけるが、大衆酒場にしてはやけに垢抜けた若い客が多いのが中目黒らしい。近くの洋服屋や美容室で働く人、芸人、俳優、スタイリストにカメラマン。誰にも隔てなく明るく接する、眼鏡美人の女将の器量のよさも、幅広い層に慕われる所以《ゆえん》のひとつ。ボトルキープの数も常連が多い証。

藤八と並ぶもう一方の愛すべき酒場、もつ焼きの『ばん』[38]。藤八も、じゅうぶん手頃な価格ではあるが、ここはさらに上をゆく安さ。昭和32年の創業から47年、中目黒の酒飲みグルメたちとともにあった名店。中目黒駅前の再開発で一度は暖簾を下ろすも、先代の弟さんが祐天寺で再開。中目黒からの常連はもちろん、あらたなファンにも恵まれ、平日16時、土曜15時の開店時から活気づく。最寄りは祐天寺だが、中目黒からも駒沢通り沿いを進めば歩いて行ける。お酒も肴もとにかく安く、毎晩でも食事をとるのに通いたい。関西出身の酒飲みの友人たちは、東京の酒場は値が張るとよく嘆いていたが、ばんに案内すると、いい店を覚えたとありがたがられる。

ここでは合席が当たり前。行けば常に満席なため、合席を願ってでも、なんとか隙間に滑り込みたい。それでも席が空かないときは、立ち飲みしながら待つ。

なにはともあれまずレモンサワー。なにせここがその発祥なのだから。レモンが輸入品で珍しかった50年ほど前、焼酎の炭酸割りに生レモンを搾《しぼ》って注ぎ、『レモンサワー』と呼んで流行《はや》らせたのが先代。客自ら、レモンを搾る姿はお馴染みの風景。

お酒の品書きに、「ホイス」の文字を見つけたときも気分が高揚した。日本がまだ貧しかった時代、ホッピーがビールの代用品だったのに対し、ホイスはウイスキーの味を模したもので、ハイボールの素だった。東京でも扱いのある店は限られ、幻の酒と言われている。

レモン搾りのひと仕事を終えたところで、料理の注文。豚のしっぽ（豚尾）を激辛に煮込み、豆腐を入れたトンビ豆腐。じんわりウスターソースが染み込んだレバカツ。16種類すべてひと串100円のもつ焼き。ごはん代わりのマカロニ。以上が定番。中でも「トンビ豆腐」は、苦手だった辛味を好物に変えた記念のひと品。ただ刺激を感じるための料理と違い、唐辛子の辛味が、豚、セロリ、ネギなどの肉や野菜からにじみ出たダシに絡み合ったり、豆腐に染み込んだり、他の味を上手に引き立てる。じんわり額に汗が浮かび、運動後のような爽快感が体中に満ちるのだ。

なぜだか、ばんでは人見知りが影を潜め、隣席の人と気さくに会話できるのだから不思議。町内の寄り合いのような笑いの絶えぬ賑わいに、誰もが帰り難くなるようで、23時の閉店まで粘る。最後は店員がラウンドガールのように、「あと10分」などと5分刻みに、カードをかざして店内を回る。ときに帰り際、棒アイスがサービスされることがあって、そんな日は帰り道の足取りも軽やかだ。


仕事場の近所でお酒を飲むことはあまりなかったが、代官山や中目黒から隣町へはよく出かけた。恵比寿の立ち飲み『縄のれん』。おかえりなさいと出迎え、いってらっしゃいと見送ってくれる、作家に愛された老舗居酒屋『さいき』。目黒のとんかつ『とんき』のカウンターで瓶ビールを傾けながら、オープンキッチンでの調理作業「とんき劇場」を眺めるのも贅沢な心持ちになれた。

しかし突然やってきた代官山との別れ。古いマンションを取り壊し、商業ビルに建て替えるという。新たに渋谷『こどもの城』向かいのビルの一室に部屋を借り、仕事場を代官山から渋谷へと移すことに。愛着ある部屋からの引っ越しはたいそう淋しかったが、勝《まさ》る

もつ焼きの『ばん』は、レモンサワー発祥の店。

は、渋谷や青山での新たな日々へ向けた期待。

 とき同じくして偶然にも、友人の職場が青山に移転したため、友人との夕食がわりの酒場巡りは、途絶えることなく続いたのだった。


渋谷で大衆酒場といえば100年以上の歴史ある『富士屋本店』。ハムカツやら煮物やら学食のような安さで家庭的な味の品書きが揃う立ち飲みの店。地下に続く階段を下ると、広さに圧倒され、気分も高まる。中央の厨房をくるりと取り囲む男社会のカウンター席に控え目に立ち位置を確保し、注文したお酒や肴が出された時点で精算。慣れてしまえばなんでもないが、大半が男性客の中、女性客はそれなりの緊張感を要するもの。今日は富士屋本店気分となっても、女同士では躊躇《ちゅうちょ》がある。

そんなとき目指したいのが、『富士屋本店ダイニングバー』[39]。富士屋本店系列のカジュアルな立ち飲みで、本店から遠からずの距離。外からの見かけは仮小屋のようだが、中に入ると意外なほどしっかりとした造り。似通った趣味の酒飲みの友人が2日続けて赴いたと聞いて予想してはいたが、酒樽に板を乗せたテーブルで食べる、料理のおいしさにまず驚いた。バーニャカウダ&ココナツソースのやさいスティック、マッシュルームのブルーチーズ焼き、ラタトゥイユ、豚レバーパテ。フランス料理のシェフ特製の料理たちは、ひと皿ごと忘れ難い本格レストラン同様の味と盛りつけで、しかも低価格。カジュアルに食べられる創作料理に魅せられて、いつも欲張って注文し、最後にお腹ははちきれんばかり。さらにお酒のメニューもふんだんに揃い、ハイボールだけで幾種類もある。甘酸っぱく、ほんのり紅茶風味の桜丘ハイボールが、ぐいぐいと進む。

「これ、座って食べる店だと倍の値段するだろうね」

いつものごとく岡部さんと、くいしんぼう談義。祐天寺の『ばん』と同じく、毎晩の食事を兼ねて立ち寄り、ぱぱっと立って食べて帰るのもいいだろう。

カレー『ムルギー』、ラーメン『喜楽』、ロック酒場『B.Y.G』など趣ある店構えの老舗が今なお残り、かつては渋谷の中心街だった百軒店の鉄板焼き『たるや』40。昭和6年の創業時は『樽野屋』という屋号で、バンカラ学生にも慕われる一杯飲み屋だった。戦後、今の場所に移ってから、鉄板焼きを始めたという。

名物はとろりと煮込んだ牛すじ煮。他は焼き肉、お好み焼き、もんじゃ焼き、焼きそばなど、客自ら鉄板で料理するのが〝たるや流〟。お酒は、昭和40年代から店に伝わる、配

富士屋本店ダイニングバーの桜丘ハイボールと鳥の置物・コッコちゃん。店配信のツイッターはコッコちゃんのつぶやきという設定だった。

名曲喫茶ライオンの向かい側が『たるや』。私語厳禁のライオンでは静かにコーヒーや紅茶を。

合はマル秘の甘味サワー「たるハイ」。

多くの関西出身者がそうであるように、学生時代を関西で過ごした私もはじめは、もんじゃ焼きに少なからずの抵抗があった。けれども、お好み焼きと比べ腹持ちが悪く食べた気がしないという印象を抱いたのは、食べ盛りらしい不服だったのかもしれない。小さなコテでちびちびと、鉄板から掬《すく》いあげて食べるもんじゃは、お酒のアテになんと適していることか。

生地と、自分で選んだトッピングの具材を混ぜ合わせ、自信のあるものが腕を振るう。ソースや醬油の味付けの加減も客側で行なうのだが、不思議と誰が仕上げても、ちゃんとおいしい。生地がいいのか、鉄板がいいのか、専門的なことは分からないが、もんじゃ通を名乗る江戸っ子も、アンチもんじゃの関西っ子も、一様に「旨い」と顔がほころぶ。最初はじゅわっとふんわり。時間が経つにつれカリカリ。食感の変化が、もんじゃならではの妙味。

店を出てみなを見送り、帰るのは、向かいの『名曲喫茶ライオン』[41]でひとりコーヒーを飲んでから。仄《ほの》暗く青い古城のような憩い場で、頬のほてりを冷ましてから。

㊲ 大衆割烹 藤八

自家製腸詰、肉じゃがコロッケ、いかのかき揚げ、自家製はんぺんが4大名物。2018年に中目黒内で移転したが、移転後も旧店舗の趣そのままの内装が見事。

東京都目黒区上目黒3―1―4　中目黒グリーンプラザ2F
TEL 03―3710―8729
17時～23時／日曜・祝日休

店の裏の倉庫でつくる自家製腸詰。添え物のねぎと豆板醤をからめて食べる。

㊳ 祐天寺 ばん

レモンサワーは三重のキンミヤ焼酎を炭酸で割り、自ら搾ったレモン汁を注ぐ。

東京都目黒区祐天寺2―8―17
TEL 090―4706―0650
16時～23時（土曜は15時から営業する場合もあります）／日曜休（月曜が祝日の場合は休み）

あらかじめソースにつけたレバかつとピリ辛でお酒がすすむとんび豆腐。

㊴ 富士屋本店 ダイニングバー 移転
（現・富士屋本店）

2018年秋に渋谷駅の再開発のために閉店。約45年の歴史に幕を閉じたが同年12月に、渋谷の富士屋本店ワインバー、富士屋本店ダイニングバー、ピッツェリア・アルフォルノの洋業態の3店舗が同じ桜丘町のうち再開発エリア外に場所を移し、新たに合同で「富士屋本店」としてオープン。メニューも刷新され、立ち飲み、テーブル、カウンターと席種も豊富な店舗となっている。

東京都渋谷区桜丘町24―4　第五富士商事ビル1F
TEL 03―3461―1195
月～金17時～23時　土16時～22時／日曜・祝日休

40 たるや

3代目のご主人の趣味で、壁を飾るポスターや店に流れる音楽はジャズ。
東京都渋谷区道玄坂2−20−6
TEL 03−3461−3325
18時〜翌0時／日曜休

右／百軒店という歓楽街の路地にある店。

たるハイは、昭和の時代からの店の名物メニュー。つくり方はマル秘。飲みやすい。

41 名曲喫茶ライオン

昭和元年年創業、東京屈指の名曲喫茶。初代が手がけた建物は建築的な遺産。
東京都渋谷区道玄坂2−19−13
TEL 03−3461−6858
11時〜22時30分／無休

映画監督・井口奈己さんと上野〜御徒町〜湯島、ハシゴ散歩

『人のセックスを笑うな』の試写会で挨拶してから、仲良くさせていただいている井口奈己監督。映画と散歩、互いの専門分野を活かし、2人で映画のロケ地を歩く講座の講師をしたことも。生まれも育ちも上野という監督から聞く上野界隈の話があまりに愉快で、ぜひ一緒に歩きましょうとお誘いしました。この日は昼に上野駅公園口で待ち合わせ。上野界隈や、お酒に関する映画の話をしながら、酒場でなくてもお酒を楽しむことができる場を巡る〝ハシゴ〟という名の散歩をします。

井口奈己●1967年、東京都生まれ。自主製作の8ミリ映画『犬猫』で数々の賞を受賞。2004年には『犬猫』をセルフ・リメイクして商業用映画デビュー。同年のトリノ国際映画祭の審査員特別賞、国際批評家連盟賞、最優秀脚本特別賞を受賞。2008年公開の『人のセックスを笑うな』は2009年ナント三大陸映画祭に出品された。

純粋な酒場でないけれど一杯のお酒で粋な時間に

甲斐　上野育ちの監督を案内とは僭《せん》越《えつ》ですが、まずは『東照宮第一売店』から。

井口　上野公園では幼少期、誘拐されそうになったことが（笑）。近所って案外、来ないんですよ。この

42 上野恩賜公園 東照宮第一売店

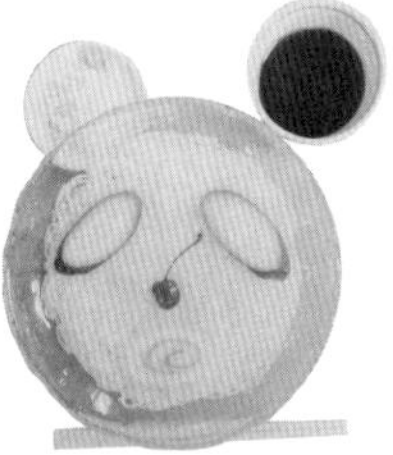

東照宮第一売店の「パンダそうめん」

店もはじめて。

甲斐　平日の昼にパンダそうめんを食べにきたとき、東京大空襲慰霊式典帰りの老紳士3人組が、帽子を膝に背広姿で、姿勢を正し燗酒を飲んでいたんです。小津映画みたいでいい風景だと思いました。今も修学旅行生が隣にいたり、売店で飲むってこういうのがいいんですよ。

井口　この小上がり席もいいね。料金先払いというのも上野らしい。しかも上野はたいてい、ビールだけじゃなくて清酒というメニューもある。

甲斐　腹ごなしできたら次へ参りましょうか。名建築の『国際子ども図書館』、次に東京藝術大学内の売店『藝大アートプラザ』へ。「いいちこ」の広告全般を手がけている藝大美術学部デザイン科教授の河北秀也氏がデザインした、藝大オリジナルボトルや、いいちこグッズが買えるんです。

井口　あ、この建物はなに…？

『下町風俗資料館付設展示場 旧吉田屋酒店』。

甲斐　江戸時代からの酒屋！ 寄ってみましょう。すごい、お酒に関する展示室だ。

井口　親切に教えてくれるおじさんがいますね。帳場の上に座って記念写真が撮れるそうです。

甲斐　このまま『愛玉子《オーギョーチィ》』へ。前に2度、監督と一緒に来たことがありますね。

43 国立国会図書館 国際子ども図書館

44 東京藝術大学 藝大アートプラザ

45 下町風俗資料館付設展示場（旧吉田屋酒店）

井口　愛玉子は、台湾産の植物からつくる寒天状のデザート。それ自体は無味に近くて、前はシロップ漬けを食べたね。

甲斐　今日はチーワインと、チーウイスキーを頼んでみましょう。ビールや清酒の他、チーブランデー、コークハイなんていうメニューも。

井口　あ、ワインとウイスキーに愛玉子が浸っている！

出会いと別れを繰り返す映画に見る酒場の風景

甲斐　ところで監督、お酒が印象的に描かれている映画のシーン、ありますか？

井口　島津保次郎の『隣の八重ちゃん』で、縁側で天ぷらを揚げながら燗付け器で熱燗を飲む場面。今は見ない小道具だなと。小津安二郎の『秋刀魚の味』にも酒場がたくさん出てくる。

甲斐　ベタですが『ALWAYS 三丁目の夕日』に出てくる旦那衆が集う酒場を見て、ああ昔の酒場ってこんな感じだったんだなと思いました。

井口　簡素で機能的で歩いて帰れる。遠くまで飲みにいかない。

甲斐　自分の住む街に行きつけの店があるのはいいですよね。吉村公三郎の『夜の蝶』、成瀬巳喜男の『女が階段を上がる時』、昔の映画は銀座のバーを舞台にしたものが結構ありますね。そういえば監督の『人のセックスを笑うな』でも、

㊻ 愛玉子

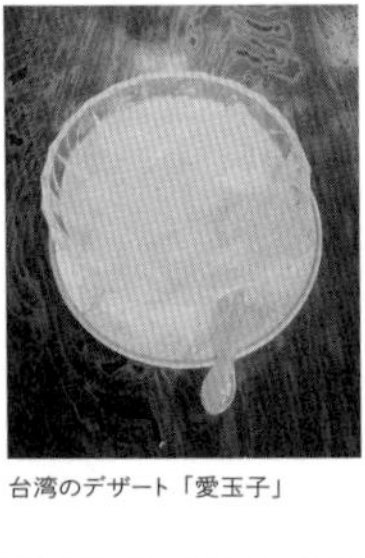
台湾のデザート「愛玉子」

松山ケンイチくんと蒼井優ちゃんが居酒屋で飲むシーンがありますね。

井口　『犬猫』でも榎本加奈子ちゃんがビールを飲むシーンありますよ。私の場合、お酒のシーンは、基本やけ酒。無理して飲んで飲まれるっていう。禁煙の風潮があって今後は煙草は使いにくいんですけど、煙草と酒って登場人物にコミュニケーションをとらせるのにすごくいい。映画はテーマがいろいろあっても、結局どこかの場所に人と人がいて、出会って別れてを繰り返す。酒場や職場以外にそういう人の出会いがあっておかしくない場所ってあまりなくて。日本映画ではないけれどマノエル・ド・オリヴェイラの『夜顔』もバーが出てきます。多分、実際に酒場で撮っていて、バーテンがカメラ目線で、それがすごい。それから、ゴダールの『女と男のいる舗道』に出てくるバーに市川崑の『野火』のポスターが貼ってあって、なぜなんだろうってとても印象深かったな。

甲斐　酒場では私も、貼ってあるポスターやカレンダーが気になる。風景のひとつですよね。では監督、谷中の名所、ヒマラヤ杉を通っていきますか。

井口　ヒマラヤ杉とみかどパンは、『私は猫ストーカー』にも出てきて映画的にも名所。谷中のあたりは台東区と文京区が交錯している

ヒマラヤ杉

けど、台東区には『めぐりん』というレトロ仕様のバスが走っていて移動に便利。

紳士も通う学食で静かに嗜み酒を

甲斐 続いて本郷の某国立大学の食堂では、15時から20時まで酒類を飲むことができるのです。

井口 看板に1946年開業と書いてある。ビール・サワー・おつまみ各種とも！

甲斐 しかもとにかく安い。ビール大瓶380円、生ビール大320円。ワンカップ、缶ビールやチューハイもある。枝豆80円、冷奴60円。場所をわきまえて、スーツ姿できめた粋な紳士や、仕事帰りのサラリーマンが品よくお酒を飲んでいるのを見かけます。学内でお酒を出すというのは利用者を信頼してのことでしょうね。以前は敷地内で夏の間ビア・ガーデンが開かれ、教授や生徒、地元の人に40年間愛されていました。残念ながら数年前になくなってしまいましたが。そのビア・ガーデンの風景もそうでしたが、学食で飲むお酒は、大騒ぎしたり負の感情で飲むのと違って、節度をもって場を味わったり、社交のための小道具に似合う感じ。

井口 今もあちらに、白帽子・白スーツでカメラと眼鏡を下げた紳士が瓶ビールを飲んでるね。

甲斐 昔からの習慣なのかも。ここ

めぐりん

某国立大学の食堂で飲むお酒

47 金魚坂

は建物的にも魅力があって、ちょっとお邪魔して散歩させていただくのは本当におすすめ。純粋な酒場ではないので、公に紹介はできませんが、気持ちよくお酒を飲める代表格。

上野らしいアメ横の蕎麦屋や肉屋で飲むお酒

甲斐　では、ご近所へ場を移しましょう。江戸時代から続く老舗の金魚卸問屋『金魚坂』へ。元は錦鯉のいけすだった建物が喫茶室になっていて、お茶や食事ができます。日本酒をはじめ、お酒の種類も豊富。金魚釣りをしながらお酒を飲むこともできます。監督は普段は地元の酒場によく行きますか？

井口　私の生まれ育った街に酒場はあたり前にあって。餃子が有名な「昇龍」とか、メンチカツなどを売っている「肉の大山」とかで、お酒を飲んでる人をよく見かけました。上野駅前のもつ焼『大統領』が有名。外にテーブルを出して、みんな朝からずっと赤い顔をして飲んでいる。あの辺りで飲むとしたら「上野藪そば総本店」。桝酒がおいしいんですよ。夏はシャーベットみたいに凍っている。塩がついてくるんで、アテに塩をなめて。

甲斐　渋い。東京っぽいなあ。

井口　最後に蕎麦。

甲斐　そういえば最初に監督と話をしたとき『吉池』の話題で盛り上

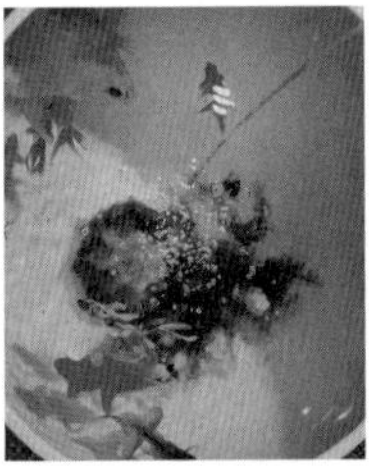

48 大統領本店

がったのを覚えています。8階建てのデパートだけど、2階のお酒のフロアの充実ぶりはすごいとか。

井口 上階が食堂みたいになっていて、食事をする人もいればお酒を飲んでいる人もいて。みんな夕方前からずっと飲んでるんですよ。日本酒もすごく種類があって、値段も庶民的。16時くらいにメニューが変わるんです。食事も割とガッツリできる感じなんで。そこ、穴場なんですよね。

甲斐 監督の巧みな話術のせいもありますが、その後、実はすぐ吉池に行ってみました。普通のデパートで、食堂なんだけど、なぜだかディープな気配を感じるのが上野的。

井口 それが駅前にあるっていうのが御徒町。

土地の歴史を知ることで趣深まる酒場の気配

甲斐 浅草から日本堤の「土手の伊勢屋」まで歩いたとき、それまで浅草の観光的な部分しか知らなかったんですけど、はじめて吉原遊郭があったあたりの雰囲気に触れて。永井荷風の『濹東綺譚』にも書いてありますが、元はあの辺りに酩酊街というのがあり、それが向島に移って花街ができて。決して冷やかしでなく、風俗の歴史などを知った上で街を歩いてみるのは面白いものですよね。

井口 アメ横も戦後のヤミ市の名残

49 吉池

りだしね。場所は変わるけど、京王多摩川駅の競輪場『京王閣』、ああいうところもいい風景だね。前に酒場があって。

甲斐　まさに！　大阪の大学時代、講義にきた作家の方が、「観客がほとんどいない「藤井寺球場」でナイター観ながら飲むビールはうまい」と言っていて、飲めもしないのに雰囲気を味わいにいきました。その後もゼミの先生が阿倍野の「明治屋」や、飛田新地の「百番」に連れていってくれて、そのときお酒は量だけでなく雰囲気を味わうというのもあるんだと思って。それ以来、東京でも府中の競馬場、美術館、喫茶店、水上バス、公園、洋食屋など、あらゆるところでお酒のある場の雰囲気を楽しんでいます。

なにげない小道具も
その店に惹かれる理由

甲斐　そろそろ暗くなってきたので本郷から御徒町までタクシーに乗りましょう。東北のお酒が飲めて、「奥様公認酒蔵」というキャッチコピーがついた『岩手屋』へ。ここは近所に本店と支店がありますが、何人かでは本店の方が入りやすい。支店は少人数向け。

井口　ホヤにジュンサイ、アテも東北のものですね。そうそう、山中貞雄の『河内山宗春』っていう映画にも酒場が出てくるんだけど、そこに大小のダルマがずらっと並

50 岩手屋本店

んでいて、美術的にも面白い。

甲斐 ダルマとか招き猫とか、神棚のある居酒屋ってなぜだか信用ができるんですよね。あ、監督、せっかくなのでこのまま、さっき話に出た『肉の大山』にぜひ案内してください。

井口 ここ。店の奥は肉料理のレストランみたいになっているけど、入口では立ち飲みができる。やみつきメンチ１００円。ハイボール２６０円。

甲斐 台東区にはお酒を安く飲めるところが多いんですね。

井口 そうだ。さっき、タクシーで通りすぎたけれど、湯島の交差点のところに『道』っていうバーがあって、音楽と密接な感じでいいお店。今から行ってみる？

甲斐 行きたい！ 今日は一日があっという間に過ぎて行きます。

井口 最後の『道』でお店は7軒目！

甲斐 上野界隈は安く飲める店が多い。そして、酒場でなくともお酒を飲むのが絵になる店がたくさんありましたね。

51 肉の大山

52 Music Bar 道〈閉店〉

(42) **上野恩賜公園 東照宮第一売店**
東京都台東区上野公園 9-86

(43) **国立国会図書館 国際子ども図書館**
東京都台東区上野公園 12-49　TEL 03-3827-2053

(44) **東京藝術大学 藝大アートプラザ**
東京都台東区上野公園 12-8　TEL 050-5525-2102

(45) **下町風俗資料館付設展示場（旧吉田屋酒店）**
台東区上野桜木 2-10-6　TEL 03-3823-4408

(46) **愛玉子**
東京都台東区上野桜木 2-11-8　TEL 03-3821-5375

(47) **金魚坂**
東京都文京区本郷 5-3-15　TEL 03-3815-7088

(48) **大統領本店**
東京都台東区上野 6-10-14　TEL 03-3832-5622

(49) **吉池**
東京都台東区上野 3-27-12　TEL 03-3831-0141

(50) **岩手屋本店**
東京都文京区湯島 3-38-8　TEL 03-3836-9588

(51) **肉の大山 上野店**
東京都台東区上野 6-13-2　TEL 03-3831-9007

(52) **Music Bar 道〈閉店〉**
東京都文京区湯島 3-35-6 3F

※情報や写真はすべて取材時のものです。

4章

新宿

新宿は、人通りが多く、高層ビルとネオンの街。
出かけるのに億劫になってしまいがちだったけれど
待ち合わせや、食事もできる好きな酒場と出会ってから
それまで見慣れた町並みが愛おしい風景へと変わった。

新宿、待ち合わせ道楽

ヒッピー、フーテン、アングラ演劇。かつて若者文化の拠点だった新宿も今は、高層ビルと夜のネオンが街のシンボル。隙間と狭間を繋ぎ合わせたような空、黙々と先を急ぐ足音の不協和音、四方から迫りくるチラシ配りの手など、どうも気詰まり。1日の乗降者数日本一を誇る新宿駅で打ち合わせや待ち合わせを指定されると、億劫《おっくう》さをぎゅっと押し込め戦闘態勢に切り替えて、約束へ向かうのであった。

しかし喧噪《けんそう》の中の憩える店を覚えるにつれ、自らちゃぽんと大都会のオアシスへ飛び込むようになった。JR新宿駅東口地下改札を出てすぐのビア&カフェ『ベルク』53は、はじめてお酒をひとり飲みしたところ。この店の、一杯200円のコーヒーと一杯300円の生ビールを愛せる人を私は愛したい、そんなふうに思うほど。職人技の集結で提供される、コーヒーもお酒も料理も素材にこだわり安全で、早く安くブレがない。店で見かけた「I♥BERG」とデザインされたバッジを鞄に付けた常連も、たまたま空腹を満たすため立ち寄っただけの人も、思い思いの事情で時を過ごす光景が広がる。現実的なドラマをすぐ隣に感じながら、待ち合わせた相手を待つには少しも退屈しなくていい。ひとりきりでお

パチンコ
エスパス
日拓
レイク
アコム
SONY
Panasonic
LABI
タマホーム

贅沢だが価格は手頃な霜降りビーフと白雪姫という名のカクテルを。カクテルは青、他のお酒は赤、ソフトドリンクは黒とメニューごと色が変わるコースターにも注目を。(サントリーラウンジ イーグル)

酒を飲むには抵抗があるくせに、もうじき誰かやってくる、それまでのひとりぼっちは清々しい。ベルクのようにお酒ともども快く人を待てる店を探すのが、趣味のようにもなっていった。

私はお酒にまつわる随筆を好んで読むが、昭和に活躍した作家のほとんどが人を待つのにバーを利用している。昭和30〜40年代にかけて殊《こと》に人気だったのが、サントリーの国産ウイスキーを出す『トリスバー』。「店の名にサントリーを冠すところ外れなし」。『サントリーラウンジ イーグル』[54]からの帰り道、隣の友がつぶやいて、そうだそうだと私も頷く。トリスバーがサントリーの直営でなく、サントリー提唱のサービスに基づくチェーン店形式で、経営は店主に一任していたように、イーグルもまたサントリー製品を主に扱う独立したラウンジバー。粋で情緒的なサントリーのブランドイメージを守り、作り上げられたラウンジバーは、味や雰囲気が店主の心意気で守られているから、居心地も上等だ。

昭和42年、新宿東口から徒歩数分の一等地地下に開店したイーグル。白河石の壁。落ち着いて寛《くつろ》げる80センチ幅のローカウンター。ところどころにワシの装飾。高い天井から下がるきらびやかな2基のシャンデリアが、落ち着いた趣の室内を華麗に飾る。まるで映画の一場面のようだ。はじめて訪れたときは大層感動し、かつて放送されていたドラマ『Gメン75』に登場したことがあると聞いてさらなる感激。

かつて進駐軍の将校クラブでコックをしていたオーナーは、いつかおいしいものを食べながらお酒を飲める時代がくると、戦後の貧しいときに信じた気持ちを叶えるべく、酒とともに味がよくて目に華やかな料理を揃えた。たいてい皆が注文するのが、こちら発祥の野菜スティック。13種類の調味料をブレンドした特製ごまみそが、野菜の滋味をひきたてる。ポン酢醤油がベースのタレをつけて食べる霜降りビーフも、本格レストラン顔負け。エレガンスに正装したバーテンダーがひとりずつ丁寧にサーブしてくれる。白雪姫、シンデレラ、トム&ジェリー、女心を射止める名のカクテルもあまたあるが、なんといっても、サントリーウイスキーが店の顔。創業当時はまだ貴重だったオールドが400円で、角瓶は350円。時間制限もテーブルチャージもなく、紳士的なサービスを受けられて、この値段で飲めるお店は大変に得難い。好きな酒場で満ち足りた時間を過ごした夜は、街の景色が美しく見えてくる。イーグルからの帰り道は、いつもなら早々に抜け出したくなるちかちか瞬く新宿のネオンさえ、クリスマスツリーみたいだと好意的な気持ちで見上げるのだ。このすばらしい光景を、まだイーグルを知らぬ親しい人にも味わってほしいと、この

広大で風情のある
らんぶるの地下席。

ル・タンでは毎日の夜カフェという特別メニューに加え、毎週土曜日はランチ・カフェ営業を。宇野亜喜良さんファンの女性が気負わず足を運べるような配慮。

DUGの前身、DIGの創業当時は、日本でジャズ喫茶といえば静かに音楽を聴く場だった。海外のようにお酒を飲みつつ軽食や会話も楽しめる店にしようと先代はつとめた。

頃は人と会うときに新宿を指定するほど。とはいえ、一度目はひとり地下に続く階段を降りるのにためらいがあるだろうからと、待ち合わせはもっぱら、ベルクや『らんぶる』[55]で。

新宿三越アルコット（現・大塚家具ショールーム）裏の『らんぶる』は、新宿に戦後から現存する名曲喫茶。昭和25年の創業時、個人が家庭で音楽を楽しむなどまだ贅沢なことで、たくさんの人がレコードを聴くため足を運んだ。路面の1階席からは想像できない、ダンスホールのような広大な地下席。赤いベロア生地のソファーが行儀よく配され、まるで時間が巻き戻されたか、セピア色のフィルターがかかったような風情がある。それこそ昔はお酒だけのらんぶるの支店もあったそうだが、ここは変わらずコーヒー中心。私も普段はコーヒーや紅茶を頼むが、友だちのひとりはメニューの片隅、申し訳なさそうに名を連ねるビールをよく頼む。クラシック音楽が流れる厳かな空間、女性が手酌でビールをグラスに注ぐ姿は、なかなか絵になるものだ。

その、らんぶるのすぐ隣。ペガサス館というビルの地下1階、今は別の場所へ移転した『ナジャ』という文壇バーがあった。京都に住んでいた頃、『modernjuice』というミニコミ誌を発行する近代《こだい》ナリコさんが、私が喫茶店や酒場のマッチを集めていることを知って、そこのマッチが宇野亜喜良《うのあきら》さんの絵だと教えてくださった。大してお酒も飲めない学生身分の20代のとき。ぜひともマッチを手にしてみたいと思っても、唐十郎、四谷シモン、林静一……俳優・作家・画家が集うバーの扉を開ける度胸があるわけもなく。その後、東京に越してからは、ナジャの隣の居酒屋『陶玄房』で過ごす前後、看板だけを憧れの眼差しでじっと見つめて立ち去るのみ。その後、しばらく陶玄房からも遠ざかってしまっていたが、久しぶりにらんぶるへ向かう前に覗いてみようと思い立ち、店の前まで行ってみると、ナジャがあるべきところに、『ル・タン』(56)という店が。そこではじめてナジャの閉店と、ル・タンという新たな店の誕生を知ることになった。

『ル・タン』もまた宇野亜喜良さんに縁あるカフェ＆バー。壁一面に、幻想と官能、憂鬱《ゆううつ》とロマンスが入り交じった『ロバと王様とわたし』や女優ブリジット・バルドーを描いた直筆壁画。宇野さんが手がけられた演劇のポスターも飾られ、店全部が作品のよう。マッチはないが、コースターに宇野さんの絵を見つけた。各所からやってくる宇野さんファンの女性も気後れせぬよう、お酒の他、ノンアルコールのカクテル、コーヒーにお茶、食事

ロールキャベツシチューと、日本ではなかなか飲めないドイツビール・Jever。(アカシア新宿本店)

三島由紀夫は戦後日本も世界的水準に近づいたと店を称し、金子光晴が「ドンカクの唄」という詩を残した。
（どん底）

からデザートまでがメニューに。ナジャのままでは到底、踏み入ることのできなかった扉の向こう。今ならば奮起せずとも行きつける。

カフェ&バーと銘打つ店は、お酒からお茶まで選択肢に幅ができるから、まだ好みを知り得ていない相手との待ち合わせに都合がよい。靖国通り沿いのジャズ・カフェ&バー『ＤＵＧ』[57]は、昼から夕方までのカフェタイムにはチャージ料がかからない。心地よくジャズが流れる中、じっと音楽に耳を傾けたり、読書するひとり客がほとんどで、約束より1時間ほど前に出向き、自分だけの時間を過ごしたくなるのだ。

ＤＵＧにはひときわ深い思い出がある。もの書きを目指して駆け出した10年前、はじめて取材に訪れた店だった。大学の卒業論文で植草甚一について書いたとき、氏が愛した店のひとつとして覚えていたので、取材に行ってほしいと依頼を受けた瞬間は、初仕事の緊張と憧れの店へ行ける高揚から、ひとり舞い上がってしまった。

昭和36年、ジャズ喫茶がひしめく新宿に『ＤＩＧ』という名で創業したこと。和田誠さんが手がけた店のロゴデザイン。レンガ壁の内装。常連のミュージシャンや客。ＤＵＧが内包するいくつもの物語を、たった数百文字ではあったが、心を込めて書いた。ジャズに明るいわけでなく、当時はお酒を飲めなかったが、店主が大事にしていること、お酒や料理の匂い、これまで通った人の足跡や会話、そういうものが壁や床に染み付いて作られる、独特の気配や物語を伝えられたらと思って原稿を書いた。

ＤＵＧの姉妹店ＤＩＧが最初に所在していたのがスタジオアルタの裏手のビルの３階。当時、そこはいくつかのジャズバーが入る、新宿屈指のモダンな盛り場だった。

そのビルの１・２階。洋食屋『アカシア』[58]が開業したのは、東京オリンピック開催の前年。先代が戦時中、中国・大連の病院に入院していたとき、窓からアカシアの木が見えた。生きて母国に帰ることができたら、その木と同じ名の店を開こうと思い、叶えられた希望。左右にふたつの扉があるけれど、ある時期まで左手がバー、右手がレストランで、それぞれを先代と弟が営んでいた。アカシアといえば、とろみのついたホワイトシチューで煮込むロールキャベツシチューでお馴染み。先代のお母さまがつくった野菜シチューをきっかけに誕生したオリジナルメニューで、キャベツからコクのあるスープがじわっとにじみ出て、家庭的で優しい味。昔は店と店を仕切る壁の小窓から、レストランのロールキャベツシチューをバーに出前するのが定番だった。奥に移されたバーカウンターがバーがあった名残りをとどめる。

私もときどき、ありし日の面影をたどるべく、ロールキャベツシチューを味わう前に、日本では出すところが数少ないドイツビール・Ｊｅｖｅｒの樽生と、自家製の釜揚げソーセージを注文。こうしてアカシアでお酒を飲むときは、かつてバーだった左手の席へ好んで通してもらう。

新宿駅から少し離れているけれど、『どん底』[59]も待ち合わせに恰好な場所。らんぶるより1年あと、戦時中の焼け跡が残る三丁目で3坪のバラック小屋からスタートした新宿最古の居酒屋で、女性が公に酒場に出入りできた最初の店とも言われている。マスターは『徹子の部屋』にゲスト出演するほど顔が知られ、三島由紀夫《みしまゆきお》、金子光晴《かねこみつはる》、越路吹雪《こしじふぶき》、美輪明《みわあき》宏《ひろ》など名だたる人々にも愛された。昭和30年代から新宿に溢れた歌声酒場発祥の店で、足繁く通う常連は〝どんファン〟と呼ばれ、連日連夜、客と従業員がともに合唱した時期もあったという。外壁にはツタがからまり、中は地下、1階、2階、中3階、3階、縦に長いほら穴のような、薄暗く秘密めいた建物。焼酎を炭酸やレモン汁で割り、詳細な配合は秘密にされる名物、「どん底カクテル」を飲みながらのひととき。トマトソースに、あさ

上／カフェ&バル専用入口。右下／レストラン利用専用のウエイティングルーム。左下／スペインワインとナッツ。（小笠原伯爵邸）

り、野菜、チーズをたっぷりとのせ、時間をかけて焼き上げる新宿初の本格ピザは濃厚ゆえにお酒が進むし、どっしりお腹がふくれるから、食事をするにもふさわしい。

かつての私のように、人混みを疎《うと》み新宿駅へ寄り付きたがらない人がいたら、新宿駅から大江戸線に乗り換えて、若松河田駅まで誘い出してみる。指定するのは、駅前すぐの『小笠原伯爵邸』[60]。代々小倉藩を治める大名の家柄だった小笠原家30代当主・小笠原長幹伯爵の本邸として昭和2年に建てられた邸宅。別名を「小鳥の館」と呼ばれた所以《ゆえん》は、エントランスやステンドグラス、邸内随所に小鳥のモチーフを見つけることができるから。とくに、男性が煙草を嗜《たしな》むための部屋・シガールームの外壁は館においてシンボリックな存在。小森忍によるデザインで、輝く太陽、花に果実に鳥たち、「生命の讃歌」を題材に、1600ものパーツで描かれた陶器モザイクが美しい。パティオや屋上庭園を配したスパニッシュ様式の瀟洒《しょうしゃ》な造りで、往時は貴族たちが集う華麗なる社交場でもあった。設計を担ったのは慶應義塾大学図書館旧館で知られる曽禰《そね》中條建築事務所。戦後、米軍に接収されたのち、しばらく使われていない時期もあったが、元の姿によみがえらせる改修を経て、スペイン料理のレストランとしてあらたな日の目を見ることに。

レストランはコース料理のみの予約制。特別なことでもなければなかなか赴くこともできないが、エントランス右手の小さな扉から入るバル&カフェなら、いつもより上等な心持ちで、しかし気軽に利用できる。オリジナルのケーキや焼菓子、お酒のおつまみといったラインナップ。ワイン、シェリー、ビール、お酒はもちろんスペイン産。温暖な時期であれば屋上庭園につながる階段が配されたパティオで乾杯するのも気持ちよい。ほんのり優美な光に灯され、歴史的建築物の中、異国の味わい。しばしここが新宿であることを、忘れてしまうひと時である。

53 ベルク

モーニング、ランチ、生ビールが評判。立ち飲み席が主なビア&カフェ。東京都新宿区新宿3—38—1 ルミネエストB1F
TEL 03—3226—1288
7時〜23時（L．O．）／ルミネエストの休みに準ずる

54 サントリーラウンジ イーグル

映画の世界のように瀟洒な地下のバー。サントリーウイスキー250円から。
東京都新宿区新宿3—24—11 セキネビルB1F・B2F
TEL 03—3354—7700
月〜土17時30分〜翌0時40分 日祝17時30分〜翌0時／無休

55 名曲・珈琲 新宿らんぶる

壮麗な地下フロアにはクラシック音楽。戦後から街を見守る新宿最古の喫茶店。
東京都新宿区新宿3—31—3
TEL 03—3352—3361
9時30分〜23時／無休（元旦は休み）

56 ル・タン

宇野亜喜良氏の直筆壁画を眺めつつお酒を飲んだりお茶ができるカフェ&バー。土日祝日のランチ&カフェタイムは要予約
東京都新宿区新宿3—31—5 ペガサス館B1F
TEL 03—3351—9099
月〜土18時〜翌5時 日祝18時〜翌2時／無休

57 DUG

老舗ながら一見でも入りやすいジャズカフェバー。ロゴデザインは和田誠氏。
東京都新宿区新宿3—15—12
TEL 03—3354—7776
12時〜23時30分／無休

58 アカシア 新宿本店

優しい母の味から生まれたロールキャベツシチューが名物。お酒の種類も豊富。
東京都新宿区新宿3―22―10
TEL 03―3354―7511
11時～22時（L．O．）／不定休

59 どん底

焼け野原の新宿に建ち半世紀以上。作家・俳優、数々の著名人に愛される酒場。
東京都新宿区新宿3―10―2
TEL 03―3354―7749
17時～翌0時／無休

どん底カクテルと、昔から評判のピザ。自家製生地を時間をかけて焼き上げる。

60 OGA BAR by 小笠原伯爵邸

東京都新宿区河田町10―10
TEL 03―3359―5830
11時30分～19時30分時（L．O．）／無休（年末年始を除く）
歴史あるクラシック建築の中、ゆったりと過ごせるカフェ＆バー。

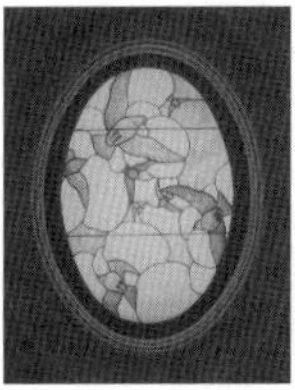

エントランス天井のガラス窓。小川三知の作品をイタリアで復元。天空に舞い上がる鳩。

5章

神田・神保町

世界屈指の本の街で、喫茶店や食堂の多い神保町から、歴史的建造物の飲食店が点在する淡路町にかけては、老舗酒場がちらほらとあるところ。作家も愛した店へ赴き、しばしの間、文豪気分に。

文豪きどりで老舗酒

これから先どうするかと父に尋ねられ、神保町の古本屋で修行がしたいと答えた。大学2年のときだったろうか。もの書きになりたいと夢を抱きつつ、叶える術《すべ》が見つからない。その頃、古本屋でアルバイトをしながら、大阪中の古本屋を巡っていた。特別な知識はないけれど、古い本を触ったり、磨いたり、整頓したりするのが好きだった。古本屋の匂いが好きだった。もともと、大阪の大学卒業後は、上京したいと思っていた。東京で古本といえば神保町。毎日、古本と向き合いながら、雑誌の片隅になにか書けたらと考えたのだ。それからは、私よりも父の方がその気になった。ことあるごと、神保町の話をする。古本の修行、修行と、なぜだか嬉しそうに。けれどもそのうち、なんだかんだで卒業を迎え、結局は東京でなく京都へ引っ越した。

上京してフリーランスで仕事を始めたばかりの頃、毎週のように神保町へ通った。神田にある美術系の出版社から、レギュラーで文章の仕事を得ることができたのだ。しかしまだ駆け出しのひよっこ。編集長から赤字だらけの原稿が戻される。それでも、ひと直しするごと一歩前に進んだような気になって、書き直す作業が楽しくて仕方ない。結局、私は神保町で書くことのいろはを覚え、古本修行でなく本来の夢、もの書きの修行をさせてもらうこととなった。

大正時代に岩波書店の創始者・岩波茂雄が古書を扱う店をはじめ、近辺に多くの学校が創立したことで、文化人や学生が集まるようになった神保町。次第に、文学青年が議論したり本を読んで過ごすためのカフェや食堂も増え、日本有数の学生街、世界屈指の古書街へと発展した。本の街というだけあって多くの出版社が所在し、私も駆け出し時代同様、出版社のスタジオで行なわれる撮影の立ち合いで定期的に訪れた。今より10歳若く食欲も旺盛だった昔は、仕事が終わると必ず『天ぷら いもや 本店』61で、海老、イカ、キス、かぼちゃ、ナスなど、ごま油の香りをたたえる衣に包まれた、熱々でさくさくの天ぷら盛り合わせに、味噌汁、ご飯がついて650円の天ぷら定食を食べて帰った。その場で揚げる天ぷらはもちろん、調理場をぐるりと囲むカウンター席、天ぷら以外余計なもののない品書き、天ぷらが盛られた銀の皿、なにもかも簡素極まりないその様が、たまらなく好ましい。

それがここ最近は違った楽しみも。言わずもがな、お酒である。夕方5時、すべきこと

JAPAN

書
房
OHYA-SHOBO
東
堂
書
保町1丁目1

が片付くと担当編集を誘い『兵六《ひょうろく》』へ。外から見ると新しいビルのようだが、一歩中に踏み入れれば戦後より3代続く貫禄の佇《たたず》まい。一見《いちげん》で訪ねるにはやや勇気を要する。入ってみると和やかではあるが、漂う気配にピンと筋が通った暗黙の秩序があるのが分かる。私のような若輩者は開店直後、常連で埋まる前に、さっと飲んで切り上げる。焼酎・さつま無双が名物だが、焼酎が飲めない私はもっぱら清酒。肴は3枚の油揚げに、ネギ・チーズ・納豆を挟んだ兵六あげを頼む。

縄のれんに大きな赤提灯を下げた兵六があるのは、三省堂書店本店裏手路地の入口角。そしてその路地、兵六を筆頭に名店が向かい合う。『ミロンガ・ヌオーバ』[62]と、『ラドリオ』[63]。どちらもコーヒーとお酒を平等に出す、喫茶を兼ねた酒場である。

ミロンガ・ヌオーバは昭和28年、『ミロンガ』という名で創業。建物の2階には、旺森社という出版社が経営する『ランボオ』というサロンがあって、随筆家・武田百合子が働いていた。百合子はそこで武田泰淳と出会い結婚。そんなロマンスが潜む店に流れる音楽はタンゴ。熱情の旋律に酔いしれるため通う客も多い。メニューはコーヒー以上にアルコールが豊富。看板でも「珈琲&世界のビール」と銘打つように世界のビールが取り揃う。

アルゼンチンタンゴのBGMがお出迎えしてくれるミロンガの店内。

あるテーブルでは、昼から読書する客の傍らに異国のビールが寄り添っていたりする。
珍しいのは自家製珈琲酒。氷が入った丸く低いグラスに、コーヒーリキュールが注がれて登場。アイスコーヒーに近くさっぱりとして芳醇《ほうじゅん》な後味。他にカフェ・ド・バニラというコーヒーリキュールを用いた大人向けのコーヒーフロートもある。グラスに輪切りのレモンを添え、トニックにミントで爽やかに味付けた「ペパーミント神保町」なるカクテルも。サワークリーム味のプレッツェルやメキシカンジャンバラヤをつまみながら、のどかに味わうお酒。音楽や料理から異国の情緒が滲み出て、旅先で過ごすような錯覚に見舞われる。

ミロンガ・ヌオーバがタンゴなのに対し、すぐ向かいの『ラドリオ』ではシャンソンが流れる。昭和24年の創業で、日本ではじめてウインナーコーヒーを出した店。店の名がスペイン語でレンガを意味するように、壁やカウンターの土台は、どっしりとしたレンガ造り。内装はハーフティンバー方式と呼ばれる山小屋風。彫刻家・本郷新《ほんごうしん》は苦労時代、絵と引きかえにお酒を飲ませてほしいと通ったそうだが、レンガ模様のマッチもまた彼によるもの。壁にも絵画や彫刻作品が並んでいる。

夕方までがコーヒー、夜からお酒ときっちりわけていたこともあったが、今は昼夜通してどちらも出している。そのためミロンガと同じように昼間でも、読書に興じながらお酒を口にする人もある。6代目の店長が知人という前提がなかったとしても、女性ひとりでもお酒を頼めるこの店の気さくさに惹かれる。

ウイスキーのある店で私は必ずハイボールを注文するのだが、ラドリオではくるみのリキュールを用いたカクテル、ノチェロを試して美味しかった。ミルクで割るとくるみの甘さがまるみをおび、鼻孔の奥が甘美な香りで華やぐ。ラム、ブランデー、カシス、カルーア、リキュールがけアイスクリームも、うっとりとする味。

ミロンガとラドリオが喫茶店と酒場、ふたつの顔を持つように、『ランチョン』[64]もまた、ふた通りの目的で通う人がいる。洋食屋として、ビアホールとして。

明治42年、西洋洋食店として創業した当時、この店に特別な名前はなかった。近隣に同業者がいないため「洋食屋」、ただそれだけで通じていたから。しかしそれではあまりに不便だと、ハイカラな音楽学校の生徒にすすめられるがまま、ランチョンという、当時はまだ珍しい横文字の名をつけたという。「ちょっと気取ったランチ」を意味する英語であ

ラドリオの特製マティーニ。

ランチョンの窓際は、古書店街を見下ろせる人気席。

る。

靖国通りに面するビルの2階。モダンな形のシャンデリアが光る螺旋階段を上がると、活気みなぎる広いフロアが現れる。人気なのは古書街や通りを行き交う人や車を見下ろせる窓際の席。古本好きの友人は、この席で求めたばかりの戦利品を前に、ビールで乾杯するのが至福だと言っていた。

辺りを見渡せば、ほとんどのテーブルに、代々の店主がこだわりを持って注ぐ生ビールのグラスが。けれどもところどころ、静かに向かい合った上品な老夫婦が、ワイングラスに口をつけながら、ナイフとフォークでステーキを食べていたりもする。長年の習慣なのだろう。ビーフシチューをそのままパイ生地でくるんだようなビーフパイが名物だが、ビールに合うオードブルの他、オムライスやサンドイッチ、昔ながらの味付けと盛りつけの魚料理や肉料理、つまりは洋食のファンも多い。

有名なのは食通で知られる作家の吉田健一《よしだけんいち》が、毎週水曜日、開店と同時に来店し、応接間代わりに利用していたこと。私も一度、打ち合わせ場所に指定してみたことがあるが、周囲の愉快で躍動的なムードにのみこまれ、仕事の話は結局すぐに切り上げて、ビールで

みますやの入口すぐの右手の小上がり席には神棚が。

乾杯。そういえばこちら、ソフトドリンクメニューに紅茶はあるがコーヒーはない。ビールのほのかな香りを損なわぬよう配慮してのことと聞く。

神保町から淡路町駅に向かって歩くと、ビルの合間、東京都選定歴史的建造物に指定された料理屋が点在する一角に行き着く。蕎麦屋は『かんだやぶそば』[65]と『神田まつや』[66]、あんこう鍋の『いせ源』、鳥すきの『ぼたん』。趣ある建物で、食事とお酒を楽しむのも一興。そこからさらに少し離れた司町《つかさまち》にも、100年の歴史と風情をたたえた老舗がある。創業時から居酒屋だった店としては東京最古、明治38年から続く『みますや』[67]だ。

神棚が見守る小上がりとテーブル席、増築された座敷と、年月の重なりが見て取れる内部。柳川鍋、桜刺し、にしん棒煮、ずらり並ぶ黒短冊の品書きには、東京らしさが浮かびあがる。アジフライも有名だが、個人的に好物なのがにらと旬の魚を和えた季節のぬた。酸味をおさえカラシをきかせ、食材の風味が際立つ。お酒はビール、焼酎、サワー、ウイスキー、ワインとなんでもあるが、日本酒の品揃えが日本酒党には嬉しいかぎり。値段も手頃で、庶民の味方を貫く大衆居酒屋である。

バーノンノンのオリジナルカクテル「ザ・ヒルトップ」。

神保町や神田で食事がてらお酒を味わったあと、最後の一杯を飲んでから帰りたい。そんなときは夜風に当たりながら御茶ノ水まで歩き、川端康成、三島由紀夫、池波正太郎、山口瞳、数々の作家の定宿として知られるクラシックホテル『山の上ホテル』へ。本館1階のバー『ノンノン』[68]は、たった9席の小部屋。それぞれの物語を紡《つむ》ぐように夜を過ごす客人を、温かく出迎える小さな灯火。英国紳士のような気品のある空間は、歳を重ねるにつれ落ち着けるようになってきた。満席のときは代わりにロビーのソファー席をすすめられることがあり、それもまたいいものだ。定番のカクテル「ヒルトップ」は、ウォッカにアップルリキュールなど合わせたもの。チャーミングな風味で緊張感を和らげてくれる。ときに、文豪きどりで立ち寄ったとしても、決して罪ではないだろう。

61 天ぷら いもや 本店　閉店

天ぷら、天丼、とんかつと、神保町にいくつか店舗のあるいもやの本店。
東京都千代田区神田神保町2—16

62 ミロンガ・ヌオーバ

コーヒーと世界のビールが取り揃うカフェ&バー。BGMはタンゴ。
東京都千代田区神田神保町1—3
TEL 03—3295—1716
月〜金10時30分〜22時30分　土日祝11時30分〜19時／水曜休

63 ラドリオ

レンガ造りのカフェ&バー。ウインナーコーヒーの元祖店として知られている。
東京都千代田区神田神保町1—3
TEL 03—3295—4788
月〜金11時〜22時30分　土12時〜21時／日曜・祝日休

作家・逢坂剛が直木賞の発表をここで待った。コースターやマッチは本郷新の絵。

64 ビヤホール　ランチョン

食通・吉田健一も通ったビアレストラン。こだわりの生ビールと洋食を。
東京都千代田区神田神保町1—6
TEL 03—3233—0866
月〜金11時30分〜21時30分　土11時30分〜20時30分／日曜・祝日休

65 かんだやぶそば

明治から続く老舗。注文時には独特の通し言葉を聞くことができる。
東京都千代田区神田淡路町2—10
TEL 03—3251—0287
11時30分〜19時30分（L.O.）／季節休あり

⑯ 神田まつや

明治17年創業。そば味噌をつまみつつ日本酒を味わう紳士も。
東京都千代田区神田須田町1—13
TEL 03—3251—1556
月〜金11時〜20時　土祝11時〜19時／日曜休

⑰ みますや

当初から居酒屋として創業した店では東京最古。どじょうや桜肉が名物。
東京都千代田区神田司町2—15—2
TEL 03—3294—5433
月〜金11時30分〜13時30分、17時〜22時20分（L.O.）　土17時〜21時20分（L.O.）／日曜・祝日休

写真は、どじょう丸煮とアジフライ。

⑱ 山の上ホテル　バー ノンノン

作家が愛するホテルの9席だけのバー。
東京都千代田区神田駿河台1—1
TEL 03—3293—2311
月〜土17時30分〜24時（L.O.）　日祝17時30分〜22時30分（L.O.）／無休

家でお酒を飲むならば

街に出て酒場でお酒を飲むのが好きなのも、人の気配や会話の中、次第に酔いがまわっていくのが心地よいから。そのため家でひとりでお酒を飲むということは滅多になく、家で誰かと食事をするとき、その人がお酒を所望すれば自分も一緒に、という程度。しかし年齢を重ねるにつれ、家ごはんの機会も増えてきたので、一定の量と種類のお酒は揃えてある。

『向田邦子の手料理』を読んで料理好きとなったため、私が家でつくるのはほとんど、おかずというより酒の肴。居酒屋風の数品とお酒、ときに洋菓子を、本に囲まれた部屋に運び、仄暗い灯りの下で味わう。我が家でひととき過ごした人に、居心地よかったからまた来るよ、なんて言ってもらうのが嬉しくて、家にお酒をたやさないのかもしれない。

家で飲むならこんな酒器

右はモダンな和菓子屋『ori HIGASHIYA』で見つけた一升瓶型の陶瓶。日本酒を移したり、水入れにしたり。日本酒を注ぐのはたいていお猪口。中の鳥獣戯画の絵の5つ揃いのものは、友だちを招いてのごはん会に活躍。お酒だけでなくおつまみの器としても。左は形が好きでついつい買ってしまう片口の器。日本酒入れや、氷入れとして使用。

理想的な酒の肴は、お酒の本

古本屋で作家が酒について綴ったアンソロジーを見つけると必ず買ってしまう。おかげで本棚の一角は、酒、酒、酒。お酒のおともに読むのが理想だったのだけれど、めくるのはたいてい忙しい時期。アルコールを口にできない分、作家のお酒の描写に触れて、しばし現実逃避。収蔵している随筆は、開高健、山口瞳、吉田健一の比率、高し。

ラベルも瓶も愛らしいビールなど

ビール派ではないため、家に常備されてはいないけれど。定期的に買いものに通う輸入食材店『カルディコーヒーファーム』で、ラベルが絵になるビールや果実酒に出合うとつい買ってしまう。右はフランスのシードル。左は白熊マークのベルギービール。封を開けるのは、なにも予定のない休日の午後や、来客時。甘い洋菓子にあわせることがほとんど。

ソフィア・コッポラのワイン

映画界の巨匠、フランシス・フォード・コッポラが所有するカリフォルニアのワイナリーで、愛娘ソフィア・コッポラの結婚を祝ってつくったスパークリングワイン。シャンパンほどガスっぽくなく、値段も高すぎずというソフィアの理想を叶えた味。ラベルも味もロマンチックで愛らしく、家に必ず1本常備。映画好きな方への手土産にも重宝。

ハイボールをつくるなら

家で飲むお酒は、ほとんどが日本酒かハイボール。ゆえにウイスキーと炭酸水はいつもたやさず。右は明石の小さな蒸溜所でつくられる、江井ヶ嶋酒造『ホワイトオークレッド』の一升瓶サイズ。値段も手頃なうえ、軽い口当たりでハイボールにぴったり。左はニッカの『アップルワイン』。こちらも炭酸で割って、アップルハイボールとして。

洋酒のつまみは甘い洋菓子

日本酒の肴は、塩辛い珍味。右上の、山久の『たまり漬チーズ』がお気に入り。しかし洋酒を飲むときは、洋菓子を相手にということも。猫のラベルはスイスのアシュバッハのチョコレート、バラのチョコレートは銀座のメサージュ・ド・ローズ、左の焼き菓子はフランス土産にいただいたパリのパン屋・ポワラーヌのクッキー。

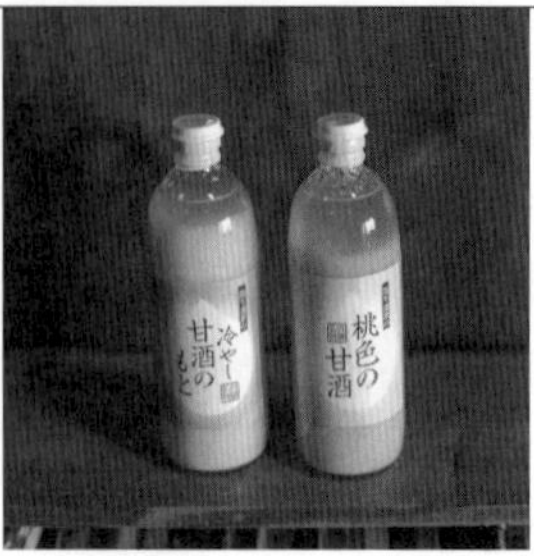

お酒が無理でも、ご安心

酒席のあと仕事に戻らねばならないときや、お酒が飲めない友には、それらしい気分だけでもと、ノンアルコールの甘酒を。江戸時代創業の岐阜県下呂市・天領酒造の『造り酒屋の甘酒のもと』。もとは苦手だった甘酒が好物に転向したほど滋味深い。飛騨産酒造好適米『ひだほまれ』と北アルプスの伏流水が原料。水や湯で割って味わう。

本に囲まれ、特等席で

3方を本棚に囲まれた書庫。本が焼けぬよう窓がないため、1日中、まるで夜。木の板を貼った壁、ぼうっとした光の電灯。訪れた人は山小屋のようだと口を揃える。中央のテーブルにお酒とおつまみを並べ、外はまだ明るいうちから酒場もどきをはじめることも。特等席は、普段は猫が寝そべるベンチ。ひととき、日常を忘れて夢見心地に浸れる。

各地の日本酒、料理にも

日本酒の銘柄がずらり揃う店では正直、味の違いが分からず、純米酒であるかと、気に入った名前を基準に選ぶ。旅先で買うのも同じことで、名前やラベルの意匠に惹かれると求めずにいられない。一升瓶が飲みきれないときは、向田邦子も好物だった「常夜鍋」の材料に。鍋に日本酒を入れ、豚肉とホウレン草を火が通るまで泳がせ食べる。

6章

銀座

モダンで、優雅で、美味しくて、一等品が集まる銀座。
明治時代からこれまでずっと華やぐ大都会の象徴。
いつもより背伸びしてかしこまった自分を、
照れずに無理なく出すことができる、おとなの街で飲むお酒。

背伸びはするけど、無理はせず

歌舞伎座の前の混雑秋暑し　甲斐遊糸

歌舞伎鑑賞で静岡から東京にやってくる父と月に一度、夕方4時に銀座で待ち合わせる。歌舞伎座や三越の前、約束の場所はその都度まちまち。平日でもその時刻の銀座はどこも混み合い、もう若くはない父だから、人の波にのまれていないか、無事に会えるだろうかと気が気でならない。つま先立ちをし、目線を高くしてやっと、彼方《かなた》でこちらに向かって手をあげ、「ここだ」と合図を送る父を探しあてる。雑踏からつき出たその手は、私が父を見つけるのより先に、父が私を見つけている証《あかし》だ。

無事に落ち合えたら、銀座を歩いたあと、たいていは下町の老舗居酒屋へと向かう。そこでふたり、言葉少なく杯を傾け、8時の新幹線に間に合うよう東京駅まで見送る。

銀座で通りがかりの店に入ることもよくある。明治創業のそば屋『よし田』で甘みの少ない玉子焼きをつまみながら日本酒を味わったり、筒型缶に詰めたおみやげ用おでんで知られる『お多幸』で、醤油味の濃いダシの関東風おでんをつついたり。

ゆう
マルテス
YURI
ゆうな
PLACE
Abisko
Polaris
GOE
ON

TOILET

日本に現存する酒場建築としては最古の『ビヤホールライオン 銀座七丁目店』。入り口を一歩入ると、壮麗な空間に圧倒される。

昔は氷や炭を売っていたという昭和初期の木造建築を用いた居酒屋『秩父錦』との出会いも偶然だった。どっしり黒く光るコの字のカウンターで、秩父名物の刺し身こんにゃくと、とび魚なめろうを脇に、米の旨味がふっくら薫る純米酒を飲んだ。

新橋にあった『向嶋』へは銀座から歩いてわざわざ向かった。向田邦子が「おいしくて安くて小綺麗で、女ひとりでも気兼ねなく入れる和食の店」とはじめた『ままや』の味を元板前が引き継いだ店。サツマイモのレモン煮やレバーの生姜煮を肴に、新潟の日本酒と、鹿児島の焼酎を味わった。残念ながらその店は今はもうない。

銀座は父と娘、ふたり並んで歩くのに不思議と照れなく過ごせる街。普段より背伸びした自分を無理なく表に出せるのも、銀座の魅力かもしれない。

銀座が日本随一の華やぐ街へ発展したのは明治維新後。庶民の盛り場だった浅草や上野に対し、銀座は華族や財閥、上流階級の顧客を魅了し栄えた。大正時代にはモボ・モガが瀟洒《しょうしゃ》な街を闊歩し、「銀ブラ」という言葉が定着するように。

ところで最近、銀ブラの語源は、明治から大正時代にかけての文化人や学生のステイタスだった、銀座の『カフェーパウリスタ』でブラジルコーヒーを飲むことからという説を知った。創業明治44年、日本の喫茶文化の礎《いしずえ》となったコーヒー店は、当時より控えめな佇まいだが8丁目で営業を続けている。メニューに、ブラジルではポピュラーな、サトウキビの蒸留酒がベースのカクテル「カイピリーニャ」を見つけ試してみたが、甘酸っぱさの中にも、きゅっと目が覚めるようなアルコールのたくましさを感じる香味。この店も頭の中に描く、アルコールも出す老舗喫茶店地図に仲間入りだ。

明治から商いを続ける老舗が50以上点在する銀座で、もっとも歴史ある酒場が『ビヤホールライオン』。サッポロライオン直営のビヤホールチェーンとして全国に支店がありお馴染みだが、前身は明治32年創業の『恵比壽ビヤホール』。後にサッポロビールとなる大日本麦酒がはじめた日本初のビヤホールである。ライオンという名が用いられるようになったのは明治44年、現在『ライオン 銀座五丁目店』がある場所に『カフェー・ライオン』ができたときから。ちなみに五丁目店は建て替えられたため、酒場建築として最も古いのは、昭和9年に大日本麦酒の本社社屋1階にビヤホールとして開店した『ビヤホールライオン 銀座七丁目店』[69]。マキノ正博《まさひろ》監督映画『泡立つ青春』の中には、今とほぼ変わりない真新しいホールが映し出される。

賑やかな中央通りから店内へ一歩踏み入れれば、壁・床・柱をモダンなタイルが埋める壮麗な空間に圧倒される。設計者は旧新橋演舞場を手がけた菅原栄蔵。天井から吊るされた球型の照明は、白がビールの泡で色付きはブドウ。弧を描くようにのびた緑の柱は麦の穂で、茶色い壁は大地。建物全体に、収穫をイメージしたデザインがちりばめられている。なにより目をみはるのが、カウンター向こうの大壁画。ギリシア風の衣装を身につけビール麦を収穫する婦人たちを、250色ものガラスモザイクで描き、完成までに数百の工程を経て、約3年の歳月が費やされたという。

午前11時半の開店と同時に、300人近く優に収容できる大きなホールが、みるみる客で埋まっていく。昼からでもみな当然のごとくビールを注文。そんな光景がさまになるし、そうでなくちゃとこちらも思う。少し薄暗い照明は、昼でも心おきなくお酒を楽しめるよう昔からの伝統というのも気が利いている。普段は積極的にビールを飲まない私も、ここにくれば麦の香りが恋しくなる。同席する酒飲み友だちが大ジョッキを豪快に持ち上げ、口のまわりに白い泡をくっつけて、いかにもおいしそうに喉をならす光景を微笑ましく眺めながら、グラスのふちが金色だから、通称・金口と呼ばれる、ビールの小グラスをしみじみと味わい、幸せもかみしめる。

壁のモザイク画は菅原栄蔵が原図を描き、大塚喜蔵がガラスを制作。タイルは小森忍作。

今でこそ女性たちの、花や蝶のような声がひらり飛び交う時世だけれど、本来、酒場は男性特権の社交場だった。女性も堂々とお酒を嗜《たしな》めるようになったのは、戦後しばらく経ってから。昔からの慣例で、東京にもまだ女性だけでは入店できない店があり、先日も銀座最古の元会員制バー『ボルドー』へ女友だちと赴いたところ「男性同伴でお越しください」と丁重に入店を断られたばかり。

今でも女性が歴史あるバーの扉を開けるのは、格式の高さを案ずるゆえに勇気を要する。できることなら場慣れした男性に案内してもらうにかぎるが、銀座にも女性を温かく出迎えてくれる老舗がある。昭和3年創業当時の姿を留める『ルパン』[70]がそう。

昭和2年創業のボルドーが近年まで長らく会員制だったから、誰もが出入りできるパブリックバーとしては銀座最古の老舗である。

永井荷風、泉鏡花、川端康成、東郷青児、小津安二郎、名を連ねたらきりがないほど、数々の文士や画家、演劇界の名だたる人物に愛された店。路地の闇に浮かぶアルセーヌ・ルパンの絵の看板の下、重い扉を開けると地下に続く階段が。降りたところに現れる、まるで物語のワンシーンを切り取ったような詩的な場。すくっと長く重厚なカウンターと、背の高い丸椅子。ところどころで存在感を放つ舶来の装飾品。藤《ふじ》田《た》嗣治《つぐはる》の絵が飾られたテーブル席には、赤いランプの光が灯る。奥には林忠彦撮影の太宰治、坂口安吾、織田作之助と無頼派作家の写真が並び、彼らと同じ席へ着きたいと訪れる熱心な読者が後を絶たない。画家の牧野伊三夫さんのあとをついて初めて訪れたときも、この酒場は日本の文化的財産だと深々、感じ入った。

「チャージは864円。オーダーに迷ったらアプリコットブランデーとスロージンのカクテル、チャーリー・チャップリンを。分からないことがあれば気負わずに、真摯《しんし》な立ち振る舞いのマスターに尋ねてみるといい。お酒に弱い人もバーの雰囲気を味わえるようにと、ノンアルコールカクテルもメニューにあるから心配ない」

これまで、ルパンへ行ってみたいという何人かの女友だちに伝えてきたこと。彼女たちは、ルパンで過ごしたひと時を映画の主人公になれたようだったと口を揃える。

建築的にも価値ある酒場で飲むお酒は、否応なしにおいしい。建てた人、通った客の快い思いが場の雰囲気に溶け込んで、お酒にとってもちょうどよい空気や温度をつくり出しているのかもしれない。

6丁目の『Bar 樽』[71]も、そこに身をおく幸いまでも玩味《がんみ》できる店。昭和7年に建てられ

藤田嗣治が訪れた際に描いた風景画が赤い照明のテーブル席の壁に飾られている。(ルパン)

ルパンのカウンター席奥。壁には林忠彦撮影の太宰治、坂口安吾、織田作之助の写真が。

移転前のBar樽店内。一枚板のカウンター足元、椅子、照明、壁画と細部まで観賞の価値あり。（Bar樽）

たビルの地下にあり、昭和28年に創業している。特質すべきはその内装。手がけたのは、日本が世界に誇るふたりのインテリアデザイナー・渡辺力《りき》と剣持勇。８メートルものカウンター、大谷石《おおやいし》の壁、モダンな照明、樽倉庫の様子が描かれた壁画。「硬骨のバー」と称されてきた硬派な酒場ながら、チャージやサービス料をとらず、ニッカの樽ウイスキーをはじめ、ポケットマネーでお酒を飲むことができるのも長く愛され続けた所以《ゆえん》。しかし惜しいことに２０１３年のはじめには建物の取り壊しが決まっている。今のうちに通い詰め心ゆくまで記憶に刻んでおきたい。

〝タル〟繋がりでひとつ。８丁目の『樽平』[72]も、金春《こんぱる》小路に暖簾を掲げる好きな酒場。山形で３００年続く蔵元が営み、こぢんまりとした風情がある。樽平とは、山形の方言でお酒に気持ちよく酔った状態のことを指す。定番の銘柄は吉野杉の香を含んだ2種。甘みがあって口当たりのよい『樽平』は女性好み、辛口で飽きのこない『住吉』は男性に支持される。大徳利に描かれた、樽平と住吉の相合い傘が微笑ましい。

玉こんにゃく、とんぶりとろろ、晩菊漬。酒の肴は、ダシの味がくっきり浮き立った山形の郷土料理が並ぶ。中でも気に入った2品が、そばの実を茹《ゆ》でてダシに浸したむきそばと、名は同じでも宮崎のとは異なる冷や汁。必ずぐぐっと飲みほしてしまうほど旨味が凝縮された干しシイタケとホタテの貝柱でとったダシのなか、くずきり、ホウレン草、枝豆など季節ごと違った具が入る。喉をつるりと通る料理が多く日本酒もすいすい進み、大徳利はたちまち空《から》になってしまう。

ともにいる人、その折ごと、目指す先を巡らせるが、あれこれ考えるより先に自然と足が向かうほど、銀座での馴染みが大衆割烹『三州屋』[73]。目と鼻の先に、2階まである銀座店と銀座一丁目店があるが、銀座店の方が席数が多いのでそちらをよく利用する。細い路地のどんつきの銀座店は、たまたま辿り着く客はごくわずか。皆ここがどんな店か知った上で、わざわざ目指してやってくる。昼から夜まで通し営業、酒と肴が豊富な上に、定食も充実。定食はおかずもご飯も、こんもり盛りつけられて1000円前後と手頃な値段だから、お酒目当ての客だけでなく、銀座において良心的な食事をと考える腹ペコさんもひっきりなし。分厚い一枚板のテーブル席も、ひとり客が着くカウンターも、開店直後から常に満席に近い。しかし、さっと食べて飲んだら潔く席を立つ人も少なからずで、合席は覚悟だがたいていちゃんと座ることができる。男だ女だ、年輩だ若者だ、ひとりだ訳あり

山形の郷土料理とお酒を楽しむことができた樽平銀座。金春通りの細く味のある路地にあった。

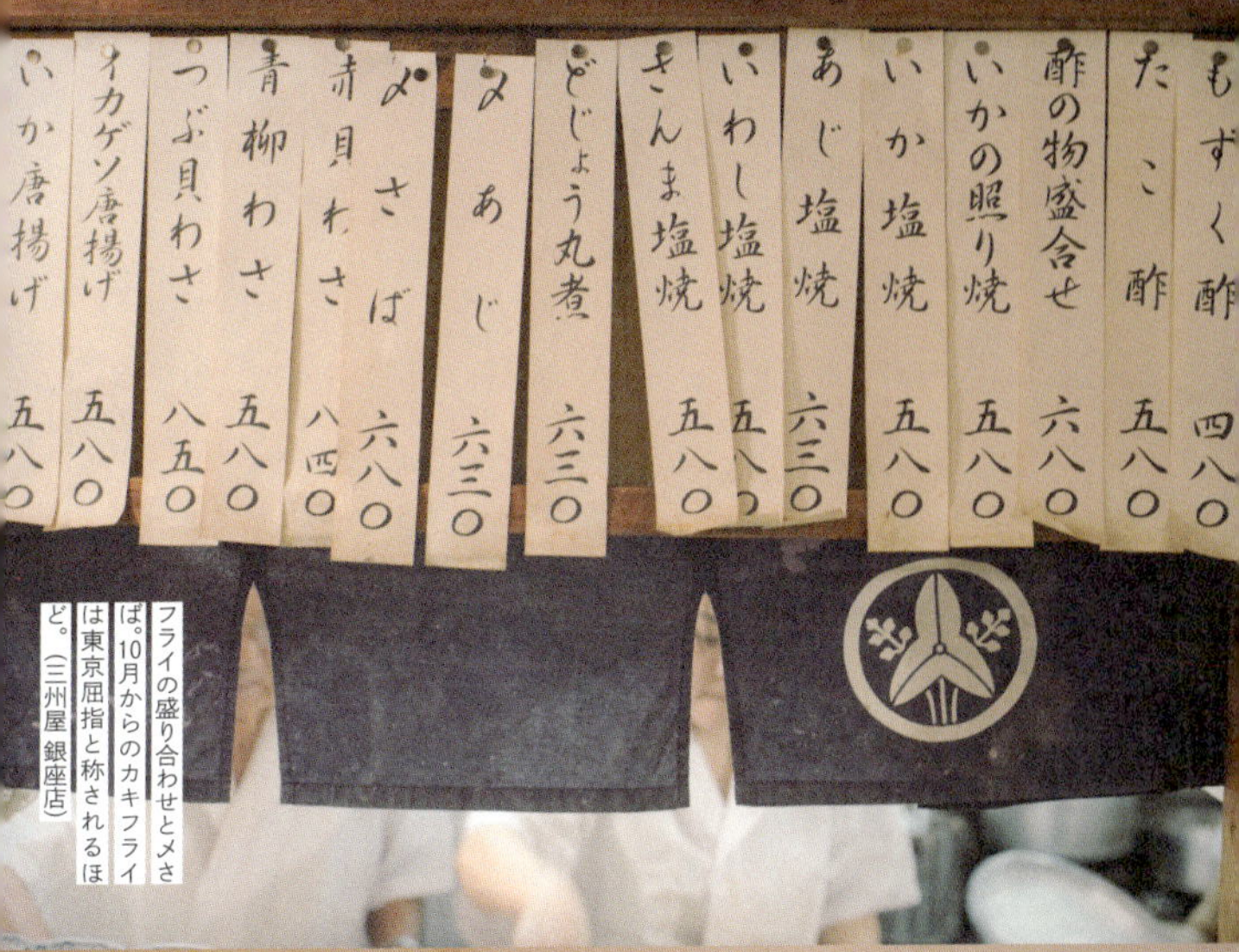

フライの盛り合わせとメさば。10月からのカキフライは東京屈指と称されるほど。（三州屋 銀座店）

だ、などグズグズ思い量る暇もないほどの活気で、お酒を飲もうが食事をしようが、ほどよく無関心でいてくれるところが心地いい。

三州屋は都内にいくつか同じ名の店があるが、本店は蒲田。銀座店のご主人は神田店で18年働いたのち、昭和41年に独立を果たした。当時、銀座の端にあたる1丁目の路地裏で大衆酒場を開くのは経営的に不利もあったが、味と値段と雰囲気のよさはすぐに銀座に集まる粋人の心を掴み、銀座に三州屋ありと言わしめるまでに。

板前がもくもく腕をふるう調理場と賑わう客席を隔てるカウンターの上に、短冊状の品書きがずらり。肉類よりも魚料理が目立つ。人気があるのは、黄金色のダシに鶏肉、豆腐、春菊が入ったとり豆腐と、10月からのかきフライ。白鶴の熱燗と、生姜醤油で味わう、きゅっと身のしまった〆さばを交互に口に運ぶのが至福。

ある夕刻、父と店の中で待ち合わせたことがあったが、私が父の姿に気がつく前にやっぱり、父の手は入口に向かってあがっていたのだった。

69 ビヤホールライオン 銀座七丁目店

ランチタイムのカレーは、戦後の米軍接収が解除されてすぐ始まった歴史がある。
東京都中央区銀座7—9—20 銀座ライオンビル1F
TEL 03—3571—2590
月〜土11時30分〜23時 日祝11時30分〜22時30分／無休

70 ルパン

昔は近くに文藝春秋本社があり、作家たちが事務所代わりに利用した元祖文壇バー。
東京都中央区銀座5—5—11 塚本不動産ビルB1F
TEL 03—3571—0750
17時〜23時30分／日曜・月曜休

71 Bar 樽 移転

初代は銀座で伝説のバー『機関車』をまかされたのち『TARU』を開店。銀座6丁目の再開発に伴い2013年に銀緑館に移転し、今もなお銀座で営業を続けている。
東京都中央区銀座6—12—14 銀緑館4F
TEL 03—3573—1890
19時〜翌0時30分（L．O．）／日曜・祝日休

72 樽平 閉店

昭和2年、神楽坂にできた酒蔵のアンテナショップが前身。銀座店は2017年に区画整理のため閉店。支店の神田店と新宿店は、2019年現在も営業中。
東京都中央区銀座8—7—9

73 大衆割烹 三州屋 銀座店

銀座において、女性ひとりで食事するにも、お酒を飲むにも最もお誂え向き。
東京都中央区銀座2—3—4
TEL 03—3564—2758
11時30分〜22時／日曜休

おわりに

全ての原稿を書き終えた日、吉祥寺の『闇太郎』へ伺った。執筆中は仕事場にこもりきりで、お酒を飲むのはしばらくぶり。冬がちらちら、秋をくすぐるような夜。ふくふくと湯気をくゆらせるおでんと、ひと区切りできた安堵で、熱燗がすすむ。L字のカウンターは、大将の所作や、向こう側のカウンターで飲む人の表情が分かるのが楽しい。やっぱり、お酒のある場の風景に溶け込む時間は愛おしい。確かめるように過ごしたあと、大将からの不意の問いかけが。

「あなたはどんなことでこの本を書こうと思ったの？」

何歳から飲みはじめたとか、とにかくたくさんの量が飲めるとか、ではなくて。お酒も料理も、おいしく快く味わうこと。酒場ごと日々重畳する物語を、目で耳で舌で手で気持ちで読み解く趣。もしくは純粋な酒場ではないところでも、うっすらふんわり酔いながら、辺りの景色に馴染む幸せ。たったひと口、嗜む程度でいいから、一歩、敷居を越えてみる心意気。幾年月もずっとそこに流れる気配や客の層を察して寄り添う機転。お酒とともに、思い出したり忘れたりすること。東京での日常の記憶。父の面影。

そんなことが書きたかったのです。

撮影や取材にご協力いただいた皆さま、ともに本をつくった仲間、深く感謝いたします。

どうかまた、ともに機嫌のよいお酒を。

二〇一一年十月　甲斐みのり

東京でお酒を飲むならば　２０１９
——変わっていく東京の街並み

永井荷風『日和下駄 一名東京散策記』のように、東京をたおやかに見つめる散歩文学が好きだ。同じ街や道でも、違った書き手の本を読めば、多様な見方・楽しみ方が自分にも身につく。数年前、そんな散歩本を大型公園で読むのに目覚めた。吉祥寺で午後早いうちに仕事を終えたあと、ふと空き時間ができたときのことだ。駅前の古本屋で買った散歩随筆を、思いたって井の頭恩賜公園のベンチで読み始めると、室内よりも、ずっとぐっと、東京に息づく街の匂いが胸にせまる。以来、まずは読書するのを目的に、上野恩賜公園や石神井公園へと赴くようになった。共通するのは公園内に茶店やカフェがあって、空腹や暑さ・寒さをしのげること。次第に読書だけでなく、安閑とした茶店の、味や雰囲気にも魅せられていった。

夏は音をたててちらちら飛び回る小さな虫を手で払いながら、冬はかじかむ手に力を込めて、ベンチで集中力が途切れるまでしばし読書に熱中したあと、視界の中の茶店に駆け込む。片隣には、皆で仲良くアイスクリームを味見しあう子連れの家族。もう片隣には、本人たち曰く「くだらない」話にゲラゲラ笑い合いながら、ビールやら日本酒やら好き好きにお酒を飲む近所仲間とおぼしきご隠居グループ。テレビの方に顔を向けたまま、ビールとどんぶりを交互に口に運ぶ一人客もいる。ほんのひととき、同じ店で過ごす周囲の人の存在にとてつもない安心感を抱きながら、瓶ビールやチューハイをちびちびと味わう。

もっとも気に入っている東京の公園内の食堂は、和田堀公園の中の『つり堀・お食事　武蔵野園』。ずらりと自販機が並ぶ入口からすぐの部屋は、地元の野球チームが昼間の練習後、居酒屋代わりによく集う。その奥に、ところどころぬいぐるみを飾った、ビニールハウス風のテラス席。すぐ目の前に、1時間700円の釣り堀が広がる。メニューには、麺類・ご飯類・定食がずらり。人気メニューはオムライス。とはいえどれも、いたって素朴な味わいで、だからこそ繰り返し通っても飽きがこない。昼飲みをするためやってくるグループやカップルも多いようで、ある日居合わせた歳の若い美容師の男性は、月に数回の休みの日のデートに、わざわざここを選んだのだと言っていた。確かに私も、価値観を共有できるだろうと確信を持った友人を誘って、何度か一緒に訪れたことがある。湯上がりに生ビールが飲める、すぐ近くの銭湯『ゆ家和ごころ吉の湯』で汗を流してから、武蔵野園というコースをともに楽しめる友人を、生涯大切にしたいとさえ思う。

大切な友人との何気ない話をもうひとつ。冬の澄んだ空から光の粒が降り注ぐ、火曜日の午後1時。私が住む東京の町に、「昼飲みしませんか」と歌うような足取りで、こよなくお酒を愛する四国在住の友人がやってきた。週末から月曜日にかけて東京での仕事を終わらせて、用事のない火曜日は夕方の飛行機で帰るため、その前に東京で飲みませんかという誘い。私もちょうど土日返上で仕事に費やした直後。思いきって平日の昼間を休みにあてた。しかしながらこの町に、昼から飲める店はあっただろうか。居住歴数年分の記憶を辿る。夕方過ぎればいくつも思いつくのだが、浮かんでくるのは蕎麦屋とファミレス。あくせくとした日常を忘れる旅先だったり、着飾るような祝いごとがある日には、昼間から飲むこともまれにあるけれど。あたりまえの生活を営む自分の町となると、日暮れ前にアルコールを口にする機会はぐんと減る。慌てたところで、友人はいつもの様子。

「どこでもいいです、飲めるのなら」。そこでふたり、私の町で唯一、24時間営業の看板を掲げる駅前の商店街の中にある酒場へと向かった。ランチメニューも出すその店では、スーツ姿のサラリーマンが威勢よく丼をかきこみ、たちまち支払いを済ませて雑踏に紛れる。それを横目に私たちは、〝ハッピーアワー〟を煽る品書きから、おのおのなじみの銘柄を告げる。それからおおよそ3時間。絶え間ない話をしながら杯を重ねた。

「こういうところ、東京らしいですね」。ふと、友人が口にした。地元では、休日や祭りの日以外に昼間からお酒を飲むことは、相当に背徳的な行為なのだそう。ときに熱く、ときに陽気に、昼酒に興じるおとな二人。思うままに過ごしていても、誰も気にとめもしない。商店街を行き交う人の声や、ガチャガチャとジョッキを洗う厨房からの音に紛れて、友人も私もアルコールも、同じようにこの町のひとつになる。どの町にもある居酒屋で、昼間から友人とお酒を飲み、私は自分が住む町を、前よりもっと愛おしく思えた。

若い頃は、食道楽の作家が食や酒について綴る随筆を教科書に、よく町や旅に出た。池波正太郎、山口瞳、内田百閒、小島政二郎《こじままさじろう》、古川緑波《ふるかわろっぱ》、吉田健一、檀一雄、丸谷才一《まるやさいいち》、立原正秋《たちはらまさあき》、開高健……。食べることや飲むことに貪欲で、好みの味に出合えばすこぶる機嫌がいい諸先輩の多幸感に満ちた筆致に陶酔するうち、いやがうえにも町や酒場への恋しさが募る。何十年も前の昭和の時代に書かれた本でも、居酒屋やバーの名前が登場するたび現存するか否か調べ、営業していると分かれば作家の足跡を辿《たど》るようにその店を訪れた。

店の造りや、店主、客の層、品書き、お酒や料理の味など、本の中の描写通りのこともあれば、時間の流れとともに変化していることも当然ながらある。だからこそ、作家の眼差しを追体験するだけではなく、自分にはどんなふうに見えてどう味わうか、居心地はいかにと、他者との差異を感じることも大きな楽しみだった。

インターネットで地名と店名を掛け合わせて検索をすると、真偽や現状は定かでないながら、たいていの情報や手がかりを探し出せる時代。暖簾を下ろした店があればその時期や理由、移転や改装したこと、店主が代替わりしたことも、だいたいどこかに記されている。ところがだ。作家が愛して通った店でも、かつて存在した痕跡すら見つからないこともまれにあり、だからこそ本を通してその店に触れることができてよかったと思う。町に、酒場に、そこにいた人たちに、おおらかに心を寄せていたい。今ある店も、もうない店も、どちらもをいくつもの見方で知り続けたい。

変わらないものもあれば、変わってしまったものもある。今は変わらずあるものも、いつかは変わる可能性を秘めている。町も店も人も再生を繰り返す。変わってしまうことは、切なく寂しくもあるけれど、また新しい文化や景色、記憶や言葉が、ときの中に折り重なる。

20年近く東京に暮らすうち、変化に立ち合う覚悟、〝いつまでもはありえない〟心積もり、だからこそ〝今味わうのだ〟という意地が、次第に育《はぐく》まれていった。

2011年の晩秋に上梓した、単行本版『東京でお酒を飲むならば』。約8年の月日が過ぎて、東京も、私の生活も、時間の流れと相応に変化している。「〝お酒〟のある〝場〟」を楽しみながら書いたこの本の象徴として、ハイーボールの写真を表紙に選んだ浅草の喫茶店『アンヂェラス』は少し前に閉業し、吉祥寺の公園や緑の木々と同化するような混沌とした佇まいが独特の風情を漂わせていた『いせや総本店公園店』は、整然と改装されてなお町の人に愛されている。

かつて書いた原稿を改めて読み直しながら、「ああ、この店もなくなってしまった」と、キュッと胸が痛むことが何度かあったけれど、その店の味や雰囲気を、思い出すことができた喜びの方が切なさを上回る。

ある店、ない店、どちらも同じように愛おしい。

また明日も、東京のどこかの街で、お酒を飲めたら幸せだ。

浅草 1 − 16

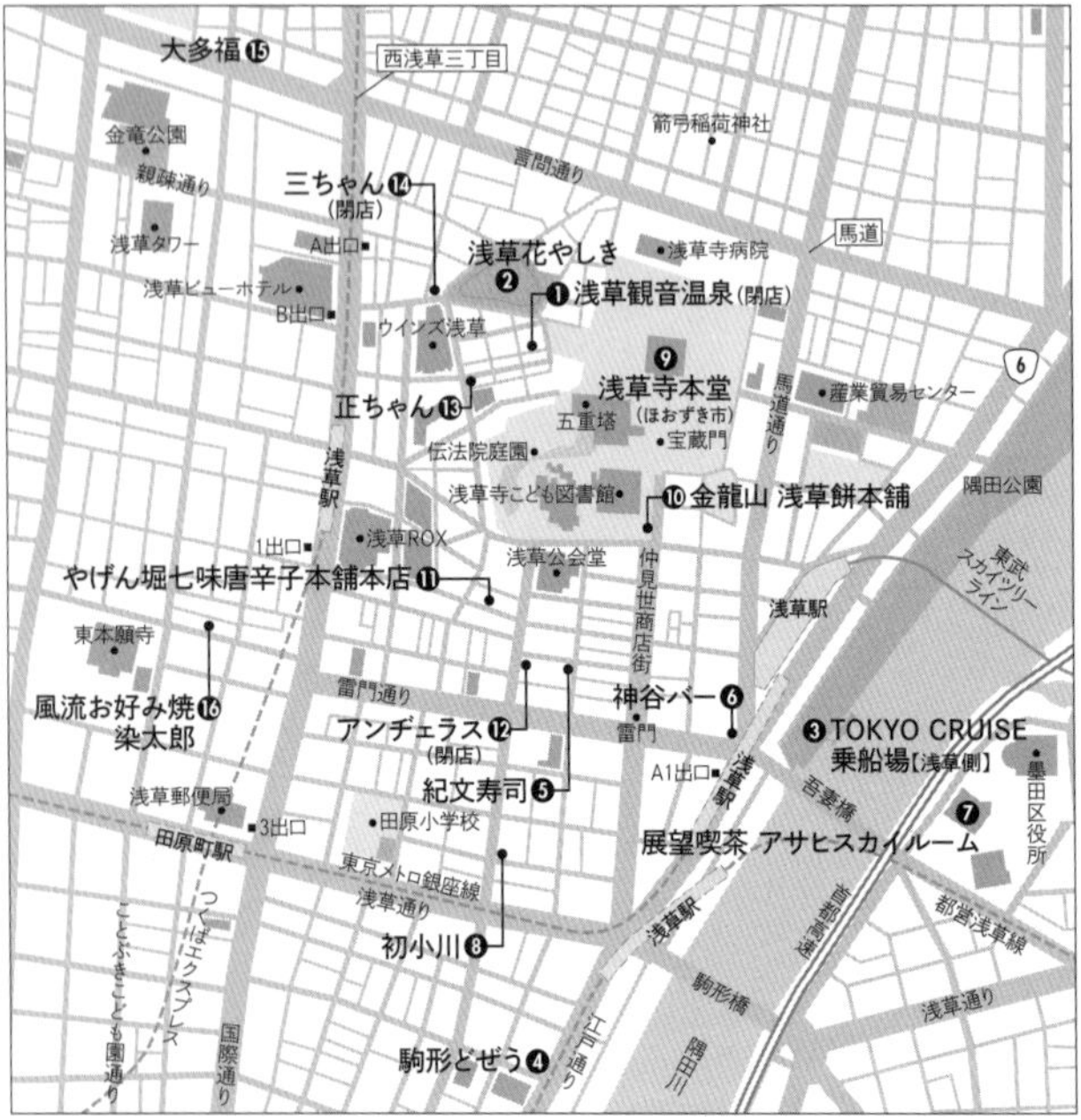
大多福⑮
西浅草三丁目
金竜公園
親疎通り
箭弓稲荷神社
言問通り
三ちゃん⑭
(閉店)
浅草タワー
A出口
浅草花やしき
②
浅草寺病院
馬道
浅草ビューホテル
B出口
①浅草観音温泉(閉店)
ウインズ浅草
⑨
浅草寺本堂
(ほおずき市)
6
産業貿易センター
正ちゃん⑬
五重塔
宝蔵門
馬道通り
伝法院庭園
浅草駅
浅草寺こども図書館
⑩金龍山 浅草餅本舗
隅田公園
1出口
浅草ROX
やげん堀七味唐辛子本舗本店⑪
浅草公会堂
仲見世商店街
東武スカイツリーライン
浅草駅
東本願寺
雷門通り
神谷バー⑥
風流お好み焼⑯
染太郎
アンヂェラス⑫
(閉店)
雷門
③TOKYO CRUISE
乗船場【浅草側】
A1出口
浅草駅
紀文寿司⑤
吾妻橋
墨田区役所
⑦
浅草郵便局
3出口
田原小学校
田原町駅
展望喫茶 アサヒスカイルーム
東京メトロ銀座線
浅草通り
首都高速
都営浅草線
つくばエクスプレス
ことぶきこども園通り
初小川⑧
浅草駅
駒形橋
浅草通り
国際通り
江戸通り
隅田川
駒形どぜう④

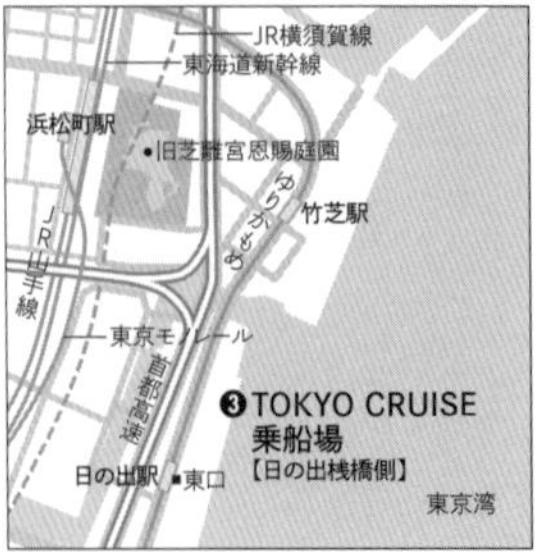
JR横須賀線
東海道新幹線
浜松町駅
旧芝離宮恩賜庭園
ゆりかもめ
竹芝駅
JR山手線
東京モノレール
首都高速
③TOKYO CRUISE
乗船場
【日の出桟橋側】
日の出駅
東口
東京湾

吉祥寺　17 - 22

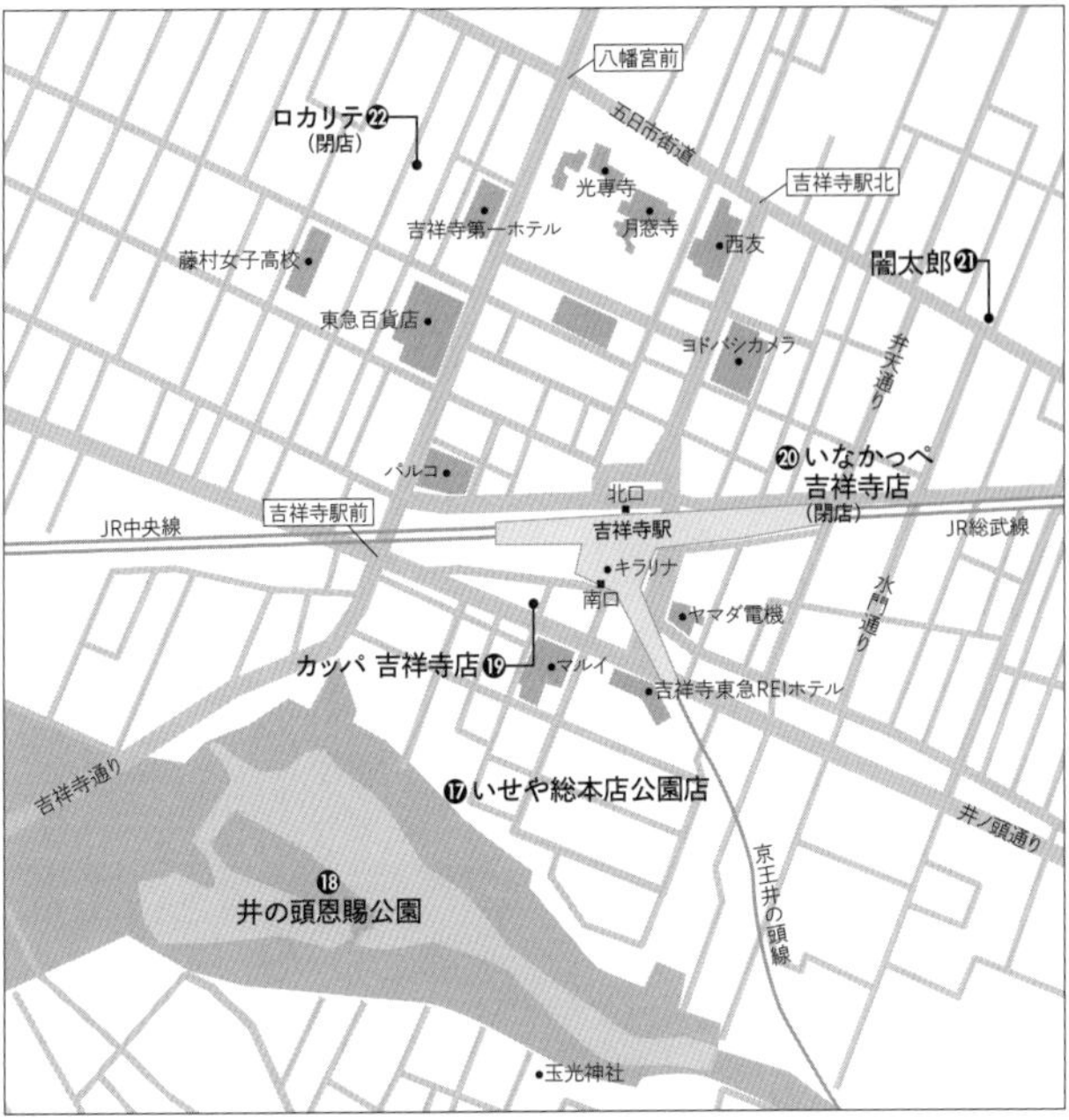

阿佐ヶ谷　23 24

中目黒・祐天寺 37 38

渋谷 39 − 41

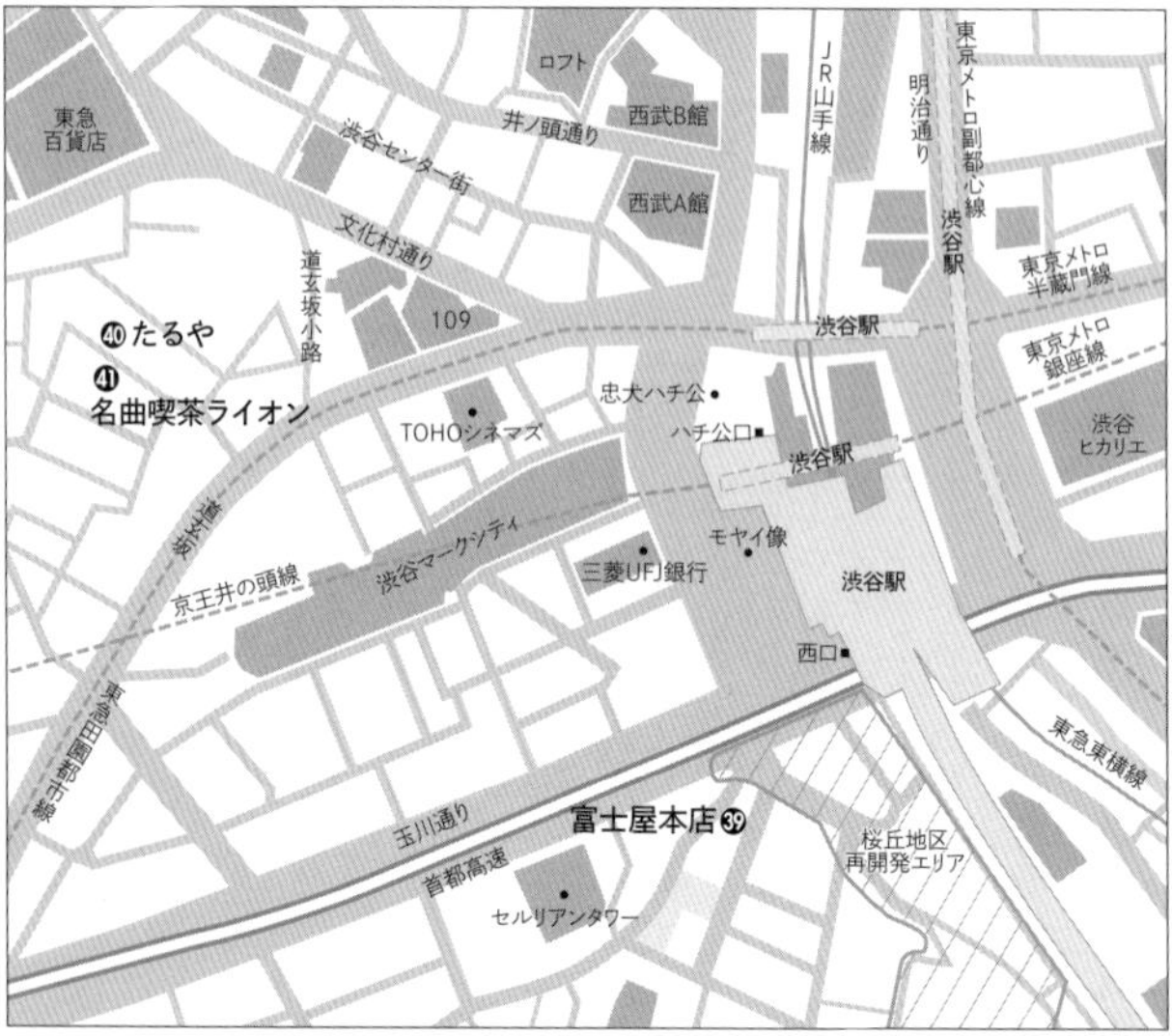

新宿・若松河田 53 - 60

都営大江戸線
西武新宿駅
JR山手線・埼京線・中央線・総武線
新宿区役所
花園神社
58 アカシア 新宿本店
ヤマダ電機
モア街
靖国通り
57 DUG
柳通り
アルタ
新宿ピカデリー
東京メトロ副都心線
マルイメン
ビック カメラ
新宿西口駅
B12出口
紀伊國屋書店
新宿駅
54 サントリーラウンジ イーグル
ベルク 53
東口
ヨドバシ カメラ
伊勢丹 本館
どん底 59
新宿三丁目駅
C6出口
ルミネエスト
ビックロ
新宿駅
マルイ
A2出口
A1出口
中央東口
中央通り
ル・タン 56
新宿三丁目駅
新宿三丁目駅
新宿駅
大塚家具
東京メトロ丸ノ内線
新宿通り
新宿駅
フラッグス
ルミネ2
55 名曲・珈琲 新宿らんぶる
東南口
甲州街道
都営新宿線
都営大江戸線
新宿陸橋
明治通り
新宿高
新宿駅
小田急小田原線
京王線
タカシマヤ

東京女子医科大学 保険会館
若松口
東京都 赤十字血液 センター
青春出版社
若松河田駅
都営大江戸線
河田口
交番
女子医大通り
東京女子医科大学病院
OGA BAR by 小笠原伯爵邸 60

神田・神保町 61 － 68

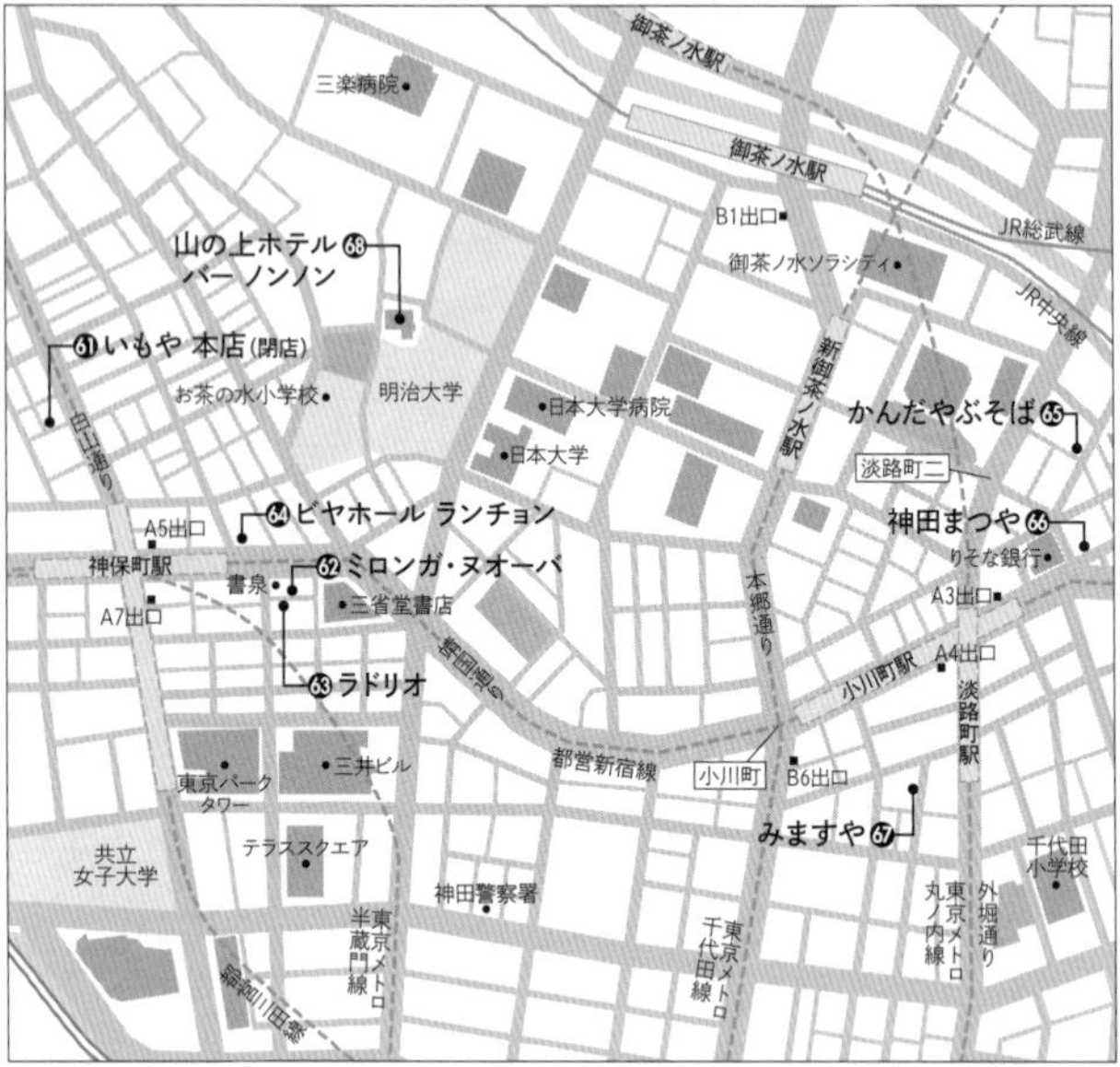

銀座 34 69 － 73

上野（湯島・鶯谷） 28 31 33 42 − 52

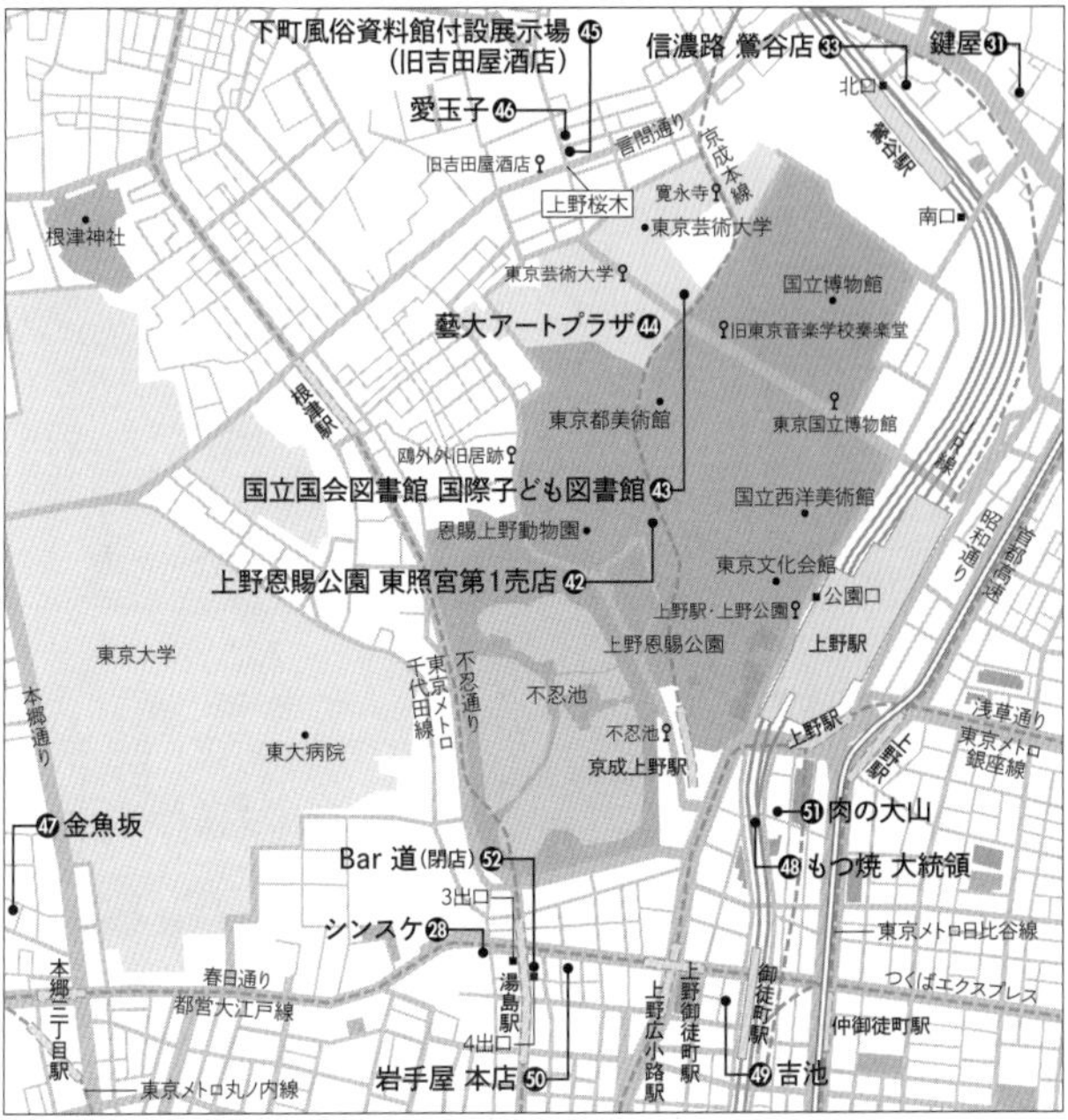

台東区循環バス『東西めぐりん』のバス停

十条 ㉗

自由が丘 ㉕

東京駅 ㉟

赤羽 ㉜

㉚ 江戸一は住所非公開

新子安 26

神楽坂 29

門前仲町 36

祥伝社黄金文庫

東京《とうきょう》でお酒《さけ》を飲《の》むならば

令和元年９月20日　初版第１刷発行
令和６年12月25日　　　第２刷発行

著　者　甲斐《かい》みのり
発行者　辻　浩明
発行所　祥伝社《しょうでんしゃ》

〒101－8701
東京都千代田区神田神保町３－３
電話　03（3265）2084（編集）
電話　03（3265）2081（販売）
電話　03（3265）3622（製作）
www.shodensha.co.jp

印刷所　萩原印刷
製本所　ナショナル製本

　ISBN978-4-396-31764-5 C0195